SVĚT PODLE KABALY

Od chaosu k harmonii

Rav Michael Laitman, PhD

Rav Michael Laitman, PhD

OD CHAOSU K HARMONII

Přeloženo z anglického originálu
From Chaos to Harmony
Original English language edition published by

Laitman Kabbalah Publishers
Copyright © 2024

Pro více informací navštivte www.kabacademy.eu/cz

www.Kabbalahbooks.info

ISBN 978-1-77228-185-9

Obsah

O autorovi 7
Uspořádání knihy 10
Předmluva 11

Část první:
Od chaosu k harmonii **17**
Prolog 18
1 Vše je touha 21
   Jedna příčina, jedno řešení 21
   Evoluce lidské touhy po potěšení 27
2 Hranice potěšení 29
   Ošálení touhy užívat si 31
3 Altruismus je zákon života 37
   Harmonie mezi buňkami živého organismu 38
   Propojenost vytváří život na nové úrovni 39
   Rakovinotvorná buňka je egoistická 40
   Jedinec versus kolektiv 40
   Pomoc druhým 41
   Kolektivní společnost u živočichů 42
   Bez nouze či nedostatku 43
   V přírodě vše směřuje k jednotě 43
4 Narušení rovnováhy 46
   Co nám činí potěšení? 49
   Správné používání ega 52
   Krize jako příležitost obnovit rovnováhu 56
5 Uposlechnutí zákona přírody 60
   Smysl života 60
   Mnohem snazší, než to vypadá 67
   Dlouhá a krátká cesta 70
6 Cesta ke svobodě 76
   Potěšení a bolest 77
   Kudy vstupuje volba 78
7 Uvědomění si svobodné volby 82
   Imitování přírody 85
   Nový směr 86
8 Vše je připraveno (pro smysl života) 90

Evoluce generací 90
Postoj společnosti k altruismu 92
Nová generace sebevědomých, šťastných dětí .. 93
Egoisté a altruisté 95
9 Realita celistvosti a nekonečnosti 100
Vnímání reality 100
Život je uvnitř 102
Plán přírody 105
Prozření 111
10 Rovnováha s přírodou 114
Rovnováha na řečové úrovni 116

Část druhá:
Role Izraele 121
Role Izraele 122
Lidstvo a moudrost kabaly 123
Zrození lidu Izraele 129
Evoluce opravné metody 131
Role Izraele 134
Návrat do Izraele 136
Sjednocení národa 139
Antisemitismus 142
Vzestup islámu 144
Internalita a externalita 148
Válka Goga a Magoga 150
Budoucnost světa je v našich rukou 156
O organizaci Bnei Baruch 159
Kontakt na organizaci Bnei Baruch 161

O autorovi

Kabalista Rav Michael Laitman, PhD, má doktorát z filozofie a kabaly na Vysoké škole filozofické Ruské akademie věd v Moskvě a získal titul MSc (magistr přírodních věd) v oboru biokybernetiky na Fakultě biologie a kybernetiky Vědeckého institutu Univerzity v Petrohradu.

Rav Laitman pracuje jako vědec a výzkumník, a navíc studuje a učí kabalu. Publikoval přes třicet knih a nespočet akademických esejí, které byly přeloženy do deseti jazyků.

Rav Laitman byl žákem a osobním asistentem Rabího Barucha Šaloma Haleviho Ašlaga (Rabaše), prvorozeného syna a následníka Rabího Jehudy Leiba Haleviho Ašlaga, který je kvůli komentáři *Sulam* (*Žebřík*) ke *Knize Zohar* známý jako Baal Hasulam (Majitel žebříku). Oddaně u něj studoval dvanáct let a postupně vstřebával učení Baala Hasulama.

Baal Hasulam je považován za nástupce svatého Ariho, autora knihy *Strom života*. Cestu ke kabale vydláždil také naší generaci, neboť díky jeho metodologii může ze znalostí (obsažených v autentických zdrojích) kabaly, dědictví starých kabalistů, těžit kdokoli.

Rav Laitman kráčí ve šlépějích svého mentora a pokračuje v jeho životní misi: šíření moudrosti kabaly po celém světě. V roce 1991, po Rabašově smrti, založil Laitman organizaci Bnei Baruch, v níž skupina studentů kabalu učila a zaváděla učení Baala Hasulama a jeho syna Barucha do každodenního života.

Časem se tato organizace rozrostla do širokého mezinárodního hnutí s tisíci členy v Izraeli i po celém světě. Semináře Rava Laitmana jsou denně živě přenášeny satelity a kabelovou televizí v Izraeli a USA, a také je lze najít na internetové adrese www.kab.tv. Laitman je zakladatelem a prezidentem Výzkumného ústavu Ašlag (ARI), jehož cílem je otevření diskuse o kabale a vědě. Laitmanovy obšírné výukové aktivity mu přinesly titul profesora ontologie na Ruské akademii věd v Moskvě. V posledních letech spolupracuje Rav Laitman s předními vědci na výzkumu pojednávajícím o kabale a současné vědě.

Na dotaz, jak dokáže do života vnést současně kabalu a vědu, odpověděl:

„Po střední škole jsem hledal profesi, která by mi umožňovala zkoumat smysl života. Cítil jsem, že studium přírody vědeckým pohledem mi pomůže najít odpověď. Proto jsem začal studovat biokybernetiku, obor, jenž zkoumá systémy života a pořádek, který diktuje jejich existenci. Doufal jsem, že budu-li studovat, jak žijeme, nakonec zjistím, proč žijeme. Tato otázka si sice najde cestu do srdce každého mladého člověka, ovšem následkem dravé povahy každodenního života se rozplyne.

Po ukončení studia jsem přijal zaměstnání v Institutu výzkumu hematologie v Leningradu. Už jako studenta mě fascinovalo, jak organické buňky udržují život a jak je každá buňka perfektně integrována do celého těla. Obvykle se zkoumá samotná struktura buňky a její různé funkce a zjišťuje se účel její existence i to, jak se její činnost vztahuje k celému organismu. Jenže na svou otázku ohledně smyslu existence celého organismu jsem odpověď najít nedokázal.

Předpokládal jsem, že tělo je – podobně jako buňky uvnitř něj – součástí nějakého většího celku. Ovšem pokusy o zkoumání této hypotézy mi byly opakovaně zamítány. Bylo mi řečeno, že takovými otázkami se věda nezabývá.

Hovořím o sedmdesátých letech v Rusku. Byl jsem rozčarován a rozhodl jsem se odtud co nejrychleji odejít. Doufal jsem, že ve výzkumu, který mi tak uchvátil srdce, budu moci pokračovat v Izraeli. A tak jsem v roce 1974, čtyři roky poté, co jsem byl refusenik (člověk, jehož žádost o odchod z Ruska do Izraele je zamítnuta), konečně dorazil do Izraele. I tady mi byl bohužel povolen jen výzkum omezený na úroveň jedné buňky.

Uvědomil jsem si, že chci-li studovat celé systémy reality, musím se obrátit jinam. Postupně jsem se uchýlil k filozofii, poté k náboženství, jenže ani v jednom jsem nepochodil. Až po dlouhých letech hledání jsem našel učitele. Byl jím velký kabalista Rabí Baruch Šalom Halevi Ašlag (Rabaš).

Následujících dvanáct let od roku 1979 do roku 1991 jsem strávil po jeho boku. Byl pro mě ‚posledním Mohykánem', poslední významnou osobou z velké dynastie kabalistů, která zahrnovala mnoho generací. Celou dobu jsem se od něj nehnul, v roce 1983 jsem s jeho pomocí napsal první tři knihy, a když zemřel, začal jsem znalosti, jež jsem od něj získal, rozvíjet a publikovat. Stejně jako dnes jsem to tehdy považoval za přímé šíření Rabašovy cesty a realizaci jeho vize."

Uspořádání knihy

Kniha je založena na seminářích vedených Ravem Michaelem Laitmanem, PhD, a na jeho esejích, které upravili členové výzkumného institutu Ašlag (ARI). První část nese název *Od chaosu k harmonii* a zaměřuje se na osobní úroveň. Vysvětluje tedy kořeny každé krize a peripetie, jež v životě zakoušíme, a popisuje, jak je můžeme vyřešit. Druhá část knihy se zabývá budoucností Izraele.

Předmluva

Není žádné tajemství, že se lidstvo nachází v hluboké krizi. Mnozí z nás to již cítí. Náš život zachvacují pocity bezvýznamnosti, frustrace a prázdnoty. Krize rodiny, problémový vzdělávací systém, zneužívání drog, nedostatek osobní bezpečnosti, strach z jaderné války a z ekologických hrozeb – to vše vrhá stín na naše štěstí. Jako bychom ztratili kontrolu nad životem a nedokázali čelit problémům, jež postupně vyvstávají.

Jak známo, správná diagnóza nemoci znamená polovinu léčby. Chceme-li tedy potíže vyřešit, potřebujeme nejprve pochopit jejich příčiny. Nejbezpečněji lze začít tím, že porozumíme lidské povaze i povaze světa. Jestliže pochopíme vlastní povahu, a také zákony, které nás ovlivňují, zjistíme, kde chybujeme a co musíme podniknout, abychom problémům učinili přítrž.

Pozorováním okolní přírody zjišťujeme, že její neživá, rostlinná i živočišná úroveň se řídí vrozenými instinkty. Takové jednání se nepovažuje za dobré, nebo zlé; zkrátka se v souladu s přírodou i mezi jednotlivými členy navzájem dodržují pravidla, která jsou pro všechny automatická.

Budeme-li však zkoumat povahu člověka, zjistíme, že se od zbytku přírody zásadně liší. Člověk je jediným tvorem, jemuž činí potěšení využívat jiné a pokoušet se jeden druhého převýšit. Jedině jemu dělá dobře, je-li jedinečný, vydělený od ostatních a nad ně povýšený. Takto lidský egoismus narušuje přírodní rovnováhu.

Naše dychtivost po potěšení se postupně vyvíjela s tím, jak rostly lidské tužby. První projevy symbolizovaly prosté touhy jako chtít jíst, rozmnožovat se a zakládat rodinu. Nástup pokročilejších tužeb, jako je vysněné bohatství, čest, absolutní moc nebo popularita, pobídl vývoj lidské společnosti a jejích sociálních struktur – vzdělání, kultury, vědy a technologie. Lidstvo hrdě pochodovalo vpřed s vírou, že pokrok a ekonomický růst jej uspokojí a že díky nim bude šťastnější. Dnes si bohužel začínáme uvědomovat, že tato zdlouhavá evoluce došla k mrtvému bodu.

Důvodem je fakt, že touhu po potěšení nedokážeme uspokojit na příliš dlouho. Všichni už jsme někdy chtěli něco moc a moc, alespoň jedinkrát v životě. Jakmile jsme ovšem získali, po čem jsme třeba i roky bažili, radost se krátce nato rozplynula, vrátila se prázdnota a my jsme se přistihli, že uháníme za dalšími cíli a doufáme, že nás uspokojí. Popsaný proces probíhá jak na úrovni individuální, tak na úrovni celého lidstva.

Již tisíce let shromažďujeme zkušenosti, a přesto zjišťujeme, že netušíme, jak lze dosáhnout trvalého štěstí, a dokonce ani základní vnitřní jistoty. Jsme zmateni. Zde je třeba hledat základ krizí a problémů, které nás moří.

Přirozená egoistická lidská predilekce vyhledávat potěšení pro sebe sama na úkor jiných se navíc časem zintenzivňuje. V dnešní době se lidé snaží stavět svůj úspěch na tom, že zničí ostatní. Netolerance, odcizení a nenávist dosahují nových, hrůzu nahánějících výšin, a tak ohrožují samu existenci lidského druhu.

V přírodě sledujeme, že všichni živí tvorové se automaticky chovají podle principu altruismu čili péče o druhé. Tento princip je zásadně odlišný od toho, který motivuje lidi.

Za účelem udržení celého těla se buňky v organismu sjednocují vzájemným dáváním. Takto každá buňka dostává, co potřebuje k přežití, a zbytek energie předává zbytku těla. Na všech úrovních přírody funguje jedinec ve prospěch celku, jehož je součástí, a v tomtéž nachází svou celistvost. Bez altruistické součinnosti nemůže tělo přežít. Přetrvat vlastně nedokáže ani sám život.

Díky zkoumání mnoha různých oborů dnes věda dochází k závěru, že lidstvo je vlastně také jedno celistvé tělo. Jenže lidé si toho stále nejsou vědomi, a to je problém. Musíme procitnout a pochopit, že potíže, jež se stahují na naše aktuální životy, nejsou náhodné; nelze je vyřešit žádným prostředkem, který známe z minulosti. Neskončí, ba naopak se budou zhoršovat, dokud nezměníme směr a nezačneme fungovat v souladu s komplexním zákonem přírody – zákonem altruismu.

Všechny negativní jevy v našem životě, počínaje maximálně specifickými a konče nejobecnějšími, pramení z toho, že se zmíněným zákonem neřídíme. Pokud skočíme z velké výšky a ublížíme si, víme, že jsme jednali proti gravitačnímu zákonu. Musíme se proto nyní zastavit a zamyslet se sami nad sebou, abychom pochopili, čím se proviňujeme proti zákonu přírody. Musíme najít správnou životní cestu. Vše záleží na našem uvědomění – čím lépe porozumíme systému přírody, tím méně budeme trpět a tím rychleji se budeme vyvíjet.

Na živočišné úrovni představuje altruismus zákon zajišťující existenci. Na lidské úrovni však tento typ vztahu musíme vypracovat sami. Příroda nechala na nás, abychom se povznesli do nové, ušlechtilé úrovně existence. To je základní rozdíl mezi člověkem a všemi ostatními tvory.

Tato kniha pojednává o tom, jak bychom altruistické vztahy mohli prosadit – změna lidské povahy totiž není žádným drobným úkolem. Byli jsme stvořeni jako egoisté a přímo proti svému egu jít nemůžeme, protože ono je naší povahou. Trik tedy spočívá v tom, že najdeme metodu, díky které bude každý z nás egoisticky chtít změnit svůj postoj vůči ostatním, svázat se s nimi navzájem v jediné tělo.

Příroda nás společenskými tvory nestvořila náhodou. Ponoříme-li se hlouběji do svého chování, zjistíme, že každou činnost, do níž se pouštíme, podnikáme proto, aby nám přinesla jisté ocenění společnosti. To nás drží nad vodou, zatímco absence nějakého ocenění či ještě hůře odsouzení společnosti nám působí největší utrpení.

Nejhorší věc, která se člověku může přihodit, je ta, že bude zahanben. Právě proto se snažíme respektovat hodnoty, jež před nás staví společnost. Jestliže se nám tedy hodnoty prostředí, v němž žijeme, podaří změnit na altruistické a otázky péče o druhé, sdílení a spojení posunout na vrchol jejich žebříčku, pak dokážeme změnit i postoj k ostatním.

Budeme-li nějakou osobu hodnotit pouze na základě její oddanosti společnosti, budeme nutně všichni usilovat o to, abychom mysleli a jednali v její prospěch. Pokud omezíme ocenění, jež udílíme za individuální výjimečnost, zato však vyjádříme uznání lidem jen za to, že se starají o společnost, budou-li děti těmito normami soudit své rodiče, jestliže na nás budou přátelé, příbuzní i kolegové pohlížet pouze podle toho, jak dobře vycházíme s ostatními, bude se snažit takovým konáním dobra získat uznání společnosti každý.

Postupně tak pocítíme, že projevy altruismu či nesobeckosti vůči ostatním jsou zvláštní a vznešenou hodnotou samy o sobě, bez ohledu na společenské uznání, jež zajišťují. Také zjistíme, že tento přístup je ve skutečnosti zdrojem dokonalého a nespoutaného potěšení.

Přestože je dnešní společnost egoistická, je připravená udělat další krok a osvojit si přírodní zákon altruismu. Na altruistických základech vždy stavělo vzdělávání i kultura. Doma i ve škole přece děti učíme, aby byly soucitné, laskavé, přátelské. Chceme, aby se hezky chovaly k ostatním, a víme, že tento postoj je správný a že chrání ty, kdo se jej drží. Stěží by se našel někdo, kdo by o těchto hodnotách tvrdil opak.

V současnosti navíc díky pokroku v komunikaci dokážeme nové zprávy i hodnoty společnosti velmi rychle rozšířit po celém světě. To působí jako zásadní faktor v procesu jasnějšího uvědomění si eskalující krize lidského druhu a potřeby jejího komplexního řešení.

Aktuální problémy nás možná nutí změnit se, ovšem jen o ně se nejedná. Jestliže si vytváříme správný postoj vůči společnosti, postupně se nám otevírají dveře do zcela nové úrovně existence, která je vyšší než všechny, jež jsme dosud poznali. Jedná se o vyšší, božskou formu existence, o pocit celistvosti a dokonalosti přírody.

Za nespočet generací jsme nahromadili dostatek zkušeností, abychom pochopili, kam nás evoluční zákon přírody vede. Obrázek, který čtenářům postupně představíme, je založen na základech sestávajících ze staré moudrosti kabaly spolu se současnými aktuálními objevy vědy. Kniha, již držíte v rukou, vás má naučit, jak lze vyřešit krizi a vydláždit si cestu k bohatství a úspěchu. S ní budete schopni podniknout první skutečné kroky k realizaci zákona přírody. Teprve pak pocítíte, že jste součástí jediného, komplexního systému přírody, a zakusíte jeho dokonalost a harmonii, jež skýtá.

Část první
Od chaosu k harmonii

Prolog

První část knihy se soustředí na to, do jaké situace jsme se dostali v jednadvacátém století, a popíše, jakých změn v našem vnímání je zapotřebí a proč. Nejprve si však uveďme některá fakta o aktuálním stavu lidstva, přičemž se zaměřme na situaci v Izraeli. Znalost těchto skutečností představuje důležitou pomůcku k pochopení navrhovaného řešení našich problémů.

Zhruba za posledních sto let jsme absolvovali obrovský skok ve vědeckém a technologickém pokroku, a přesto si připadáme bezmocní a rozpačití, máme-li čelit eskalujícím jevům v mnoha oblastech. Mnozí z nás jsou se svým životem nespokojeni a obecně narůstá pocit nejistoty, bezvýznamnosti, frustrace a hořkosti. Uvedené pocity často vedou k požívání sedativ, drog a dalších látek, jež slouží jako náhradní či alternativní prostředky našeho naplnění.

Morem jednadvacátého století jsou nervozita a deprese. Světová zdravotnická organizace (WHO) prohlásila, že nějaký duševní problém bude v životě sužovat každou čtvrtou osobu. Za posledních padesát let výrazně narostl počet lidí, kteří trpí depresí. Nejnovější poznatky hovoří o tom, že deprese se vyskytuje ve stále mladším věku. Očekává se, že duševní potíže, a to především deprese, budou kolem roku 2020 druhým nejčastějším zdravotním problémem.

Deprese představuje jednu z hlavních příčin sebevražd, každý rok si vezme život více než milion lidí, a deset až dvacet milionů se o to pokusí. Pokusy o sebevraždu obecně, a zejména mezi dětmi a mladistvými, se vykazují křivkou s jasnou stoupající tendencí.

Ministerstvo zdravotnictví v Izraeli vydalo prohlášení, že sebevraždy jsou Izraele, podobně jako v dalších západních rozvinutých zemích, druhou nejčastější příčinou smrti mezi dětmi a mladistvými. Mnoho lidí ze zdravotnické sféry věří, že fenomén sebevražd odráží celkový nezdravý stav společnosti.

V posledních desetiletích se užívání drog přeměnilo z marginálního jevu na zásadní téma celého světa, takže dnes jsou jím ovlivněny všechny vrstvy společnosti. Je známo, že drogy jsou zneužívány mladistvými, navíc se však s nimi děti seznamují již na základní škole. Průzkum z roku 2005, jenž byl veden izraelským protidrogovým úřadem, odhalil, že ve srovnání s posledními údaji došlo v užívání drog mezi mladými lidmi k alarmujícímu nárůstu.

V USA dosahuje počet lidí, kteří přiznávají, že alespoň jedenkrát za život požili drogu, přibližně 42 procent z celkové populace. V Evropě se konzumace kokainu vyšvihla na otřesnou rekordní výši 3,5 milionu spotřebitelů, mezi nimiž narůstá počet vysoce vzdělaných lidí ze západní části kontinentu.

Dokonce dochází i k ústupu instituce rodiny. Stále častěji se řeší rozvody, odcizení a domácí násilí. V Izraeli se rozvádí každý třetí pár, ve Švédsku a Rusku přistupuje k rozvodu 65 procent sezdaných.

Izraelská policie v roce 2004 udává 9 400 nových případů, jejichž vedení bylo zahájeno proti rodičům zneužívajícím vlastní děti, ve srovnání s 1 000 případy v roce 1998. V roce 2004 bylo navíc 200 000 žen vyhodnoceno jako oběti domácího násilí páchaného jejich partnery.

Zpráva o chudobě z roku 2006 uveřejněná izraelskou institucí sociálního zabezpečení odhalila, že chudoba se rozšiřuje a socioekonomická propast se prohlubuje. V Izraeli dnes každé třetí dítě vyrůstá v chudé rodině a každá pátá rodina žije pod hranicí chudoby. Mladší generace trpí absencí hodnot a ideologie, zatímco vzdělávací systém je bezmocný a v úpadku. Násilí a delikvence mladistvých stoupají, přičemž 90 procent studentů tvrdí, že se stali svědky pravidelného obtěžování a násilí na školní půdě. Podobné procento učitelů přiznává, že nedisponují prostředky k tomu, aby se s násilím a vzpurností ve vzdělávacím systému vyrovnali.

Vzhledem k tomu, že jsme si na tyto jevy zvykli, ani nás vlastně tolik neznepokojuje, že nabírají na intenzitě. Zatímco v minulosti byly považovány za zcestné, v současnosti se staly normou. Nedostává se nám nástrojů na to, abychom se s takovými nesnázemi poprali, a tak jejich existenci akceptujeme, abychom snížili utrpení, které nám působí. Jedná se o přirozený obranný mechanismus, jejž jsme si vypěstovali, nicméně to neznamená, že věci nemohou být jinak, a to určitě lépe, než jsou nyní.

Redaktor původního vydání

1 Vše je touha
Jedna příčina, jedno řešení

Již v přemluvě jsem zmínil, že mnozí z nás již cítí, jak se na úrovni globální i osobní rozvíjí krize. Dotýká se samozřejmě celé přírody – neživé, rostlinné i živočišné – a také lidské společnosti. Nestačí proto zaměřit se na specifické oblasti, nýbrž je nutné lokalizovat kořen problémů, a s cílem nápravy tyto problémy řešit.

Tato část knihy ukáže, že za všemi negativními jevy se skrývá jediná příčina. Jakmile ji pochopíme, dokážeme vyhodnotit jediné, komplexní řešení.

Začneme tím, co víme o lidské povaze a povaze světa. Pokud jim spolu s jejich pravidly a aspekty lépe porozumíme, dokážeme rozpoznat, kde se dopouštíme chyb. Tak budeme schopni nejprve skoncovat s problémy ve svém životě a následně vykročit k mnohem jasnější budoucnosti.

Studium rozličných podstat odhaluje, že primární touha každé látky a objektu tkví v zachování existence. Tento záměr nicméně každá substance vyjadřuje jinak. Pevné objekty mají určitý tvar, který je stálý a daný, takže je složité proniknout za jeho hranice, zatímco jiné formy se chrání pohybem a změnou. Proto se musíme sami sebe zeptat, co způsobuje, že se každá substance chová jistým způsobem, a odděluje se tak od ostatních materiálů? Co konkrétní formě hmoty přikazuje, jak se má chovat?

Substance se v tomto směru do jisté míry podobají počítačovému monitoru. Na nás může obrázek na monitoru udělat dojem, ovšem počítačový expert vnímá tentýž obraz prostě jako kombinaci pixelů a barev. Technika zajímají pouze různé parametry, jež onen obraz tvoří. Lidé, kteří si s počítači rozumějí, chápou, že počítačový obrázek je jen povrchní zobrazení určité kombinace těchto sil. Vědí, které prvky potřebují upravit, aby docílili jasnějšího, zářivějšího a ostřejšího obrazu, a na to se soustřeďují.

V mnoha ohledech odráží stejným způsobem svou jedinečnou, inherentní kombinaci sil každý objekt a systém včetně lidstva a lidské společnosti. Chce-li se člověk vyrovnat s určitým problémem, musí začít tím, že pochopí chování hmoty na různých úrovních. Proto musíme proniknout hlouběji do inherentní síly, jež určuje a tvaruje hmotu.

Síla vlastní každé hmotě a předmětu se obvykle nazývá *vůle existovat*. Určuje tvar konkrétní podstaty stanovuje její vlastnosti a chování.

Vůle existovat se vyskytuje v nekonečném množství podob a kombinací, což je základem vší podstaty na světě. Vyšší stupeň podstaty odráží větší touhu existovat, přičemž u každého stupně podstaty – neživého, rostlinného, živočišného a řečového (lidského) – se profilují rozdílné touhy a vyvolávají se v nich a rozvíjejí různé procesy.

Touha existovat se řídí dvěma principy: zaprvé udržením aktuálního tvaru, ve smyslu pokračující existence, a zadruhé přidáním si čehokoli, co pro existenci považuje za nutné. Touhou něco si přidat se odlišují různé stupně hmoty. Podívejme se na tuto teorii blíže.

Nejslabší je touha existovat na úrovni neživé přírody. To proto, že neživé objekty vykazují jen malé potřeby a za účelem své existence si z vnějšku nepotřebují přidávat vůbec nic. Jediným jejich přáním je zachování aktuálního tvaru, struktury a vlastností. Navíc odmítají cokoli cizího. Poněvadž jejich jediným přáním je nezměnit se, nazývají se *neživé*.

Na rostlinné úrovni je touha existovat silnější. Od neživé se rostlinná zásadně liší tím, že se mění. Rostlinná úroveň se za účelem zachování existence na rozdíl od neživé neusazuje, nýbrž prochází jistými procesy.

Na rostlinné úrovni je tudíž postoj vůči životnímu prostředí aktivní. Rostliny se například natáčejí za sluncem a kořeny vysílají ke zdrojům vlhkosti. Jejich existence závisí na prostředí – na slunci, dešti, teplotě, vlhkosti a suchu. Z něj rostlinná sféra získává vše, co je nezbytné k přežití, rozkládá je a vytváří z nich vše, co potřebuje. Poté vylučuje, co jí škodí, a roste. Je mnohem více závislá na životním prostředí. Má vlastní životní cyklus – rostliny žijí a umírají. Exempláře stejného druhu nicméně rostou, kvetou a vadnou podle týchž pravidel. Jinými slovy všechny rostliny určitého druhu fungují týmž způsobem a specifické elementy v rámci druhu nedisponují vlastní odlišností.

Čím vyšší vůlí existovat je forma obdařena, tím více závisí na prostředí a je na něj citlivější. Toto spojení je ještě více pozorovatelné na stupni živočišném, kde je vůle existovat ještě větší než na úrovni rostlinné. Živočichové žijí většinou ve skupinách, stádech. Jsou velmi mobilní a musí se neustále přemisťovat, když hledají potravu a vhodné podmínky k životu. Zvířata pojídají další zvířata nebo jiné rostliny a spoléhají na ně jako na zdroj energie, která umožňuje přežití.

Na živočišném stupni lze sledovat projevy jisté úrovně vývoje osobnosti, takže živočich zakouší individuální pocity a emoce, což mu propůjčuje jedinečný charakter. Vnímá pak své prostředí na osobní úrovni, přibližuje se k tomu, co mu prospívá, zatímco od toho, co mu škodí, se vzdaluje.

I cyklus života mají živočichové individuální. Na rozdíl od rostlin, kterým roční období určuje průběh života, živočichové žijí a umírají podle svého vlastního času.

Největší míru vůle existovat vykazuje stupeň lidský. Člověk je jediný tvor zcela závislý na ostatních a jenom on vnímá minulost, současnost a budoucnost. Lidé ovlivňují prostředí a prostředí ovlivňuje je. Tudíž se donekonečna měníme, a to nejen proto, že jsme v současné situaci šťastní, nebo nešťastní, nýbrž kvůli tomu, že si uvědomujeme ostatní, což nás nutí chtít vše, co ti ostatní mají.

Nadto chceme vlastnit víc, než mají oni, nebo něco, co mít nikdy nebudou, čímž si míníme vylepšit nejen své postavení vůči nim, ale také svůj pocit sebeuspokojení. To je důvod, proč se vůle existovat v případě člověka nazývá *ego, touha užívat si* nebo *vůle získávat potěšení*, což kabalisté označují *vůlí získávat*.

Rabí Jehuda Ašlag, známý jako Baal Hasulam, o tom říká: „Vůle získávat je celou podstatou stvoření, od počátku do konce. Takže veškerá nespočetná stvoření, včetně jejich nesčetných nehod a způsobů, kterými k nim dochází, jež se kdy vyskytla nebo vyskytnou, jsou pouze měřítkem hodnot vůle získávat a jejich změnami."

Lidé nejsou pouze lehce vyvinutější bytosti; od živočišného stupně se liší zcela zásadně. Po narození je lidské stvoření bezmocným tvorem. Ale jak rosteme, všechny ostatní překonáváme. Rozdíl mezi čerstvě narozeným teletem a dospělým býkem spočívá především ve velikosti, nikoli v moudrosti. Lidské nemluvně je však prakticky bezmocné a zcela nesamostatné, ovšem během mnoha let postupně roste a vyvíjí se.

Vývoj zvířecího mláděte se proto výrazně odlišuje od vývoje lidského batolete. Naši mudrci praví toto: „Jednodennímu teleti se říká vůl." To znamená, že jakmile se tele narodí, je považováno za vola, protože i když poroste, sotva tím získá nějaké zásadní kvality.

Na rozdíl od ostatních tvorů potřebují lidé ke svému vývoji mnoho let. Když se dítě narodí, stěží něco chce. Jenže jak roste, jeho vůle získávat nabírá na intenzitě a ohromně se rozvíjí. Jakmile se objeví nová touha, vyprodukuje nové potřeby a člověk cítí, že je musí uspokojit. Míní-li nové potřeby úspěšně uspokojit, vyvíjí se mu mozek, neboť začíná přemýšlet nad způsobem, jak to provést. Z toho vyplývá, že intelektuální a koncepční vývoj mozku představuje následek zintenzivnění naší touhy užívat si.

Fungování popsaného principu lze vysledovat, jestliže se zaměříme na to, jak vychováváme své děti. Chceme jim pomoci růst, a tak pro ně vymýšlíme hry, které jsou pro ně výzvou. Touha uspět ve hře je nutí vymýšlet nové způsoby, jak se s ní vypořádat, což jim pokrok usnadňuje. Čas od času hru ztížíme, abychom je podpořili ve vývoji, a přispěli tak k dalším pokrokům. Z toho vyplývá, že člověk nikdy není schopen vyvíjet se, dokud necítí, že mu něco chybí. Pouze pokud něco chceme, aktivujeme svůj intelekt a dumáme, jak bychom mohli svých tužeb dosáhnout. Naši vůli získávat podporuje skutečnost, že lidský tvor sestává z obojího – intelektu i emocí: mysl a srdce se navzájem doplňují a zvyšují naši schopnost vnímat věci, jež mohou vyvolat potěšení. Naše síla vůle proto není omezena časem ani místem. Nemůžeme sice vnímat například události, jež se přihodily před tisíci lety, můžeme je však (a skutečně dokážeme) pochopit, čímž neschopnost vnímat je kompenzujeme. Prostřednictvím intelektu pak umíme zajít tak daleko, že je můžeme skutečně zažít. Možný je také opak. Pokud něco cítíme a chceme zjistit, jak nás to může ovlivnit, pozitivně, či negativně, analyzujeme situaci intelektem a propojujeme to s pocitem, který z daného objektu máme. Takto nám mysl a srdce rozšiřují vnímání času a místa, až cítíme, že nás nic neomezuje. Díky tomu může osoba, jež žije v jistém čase či na jistém místě, chtít jednat jako někdo, o kom slyšela, přestože objekt obdivu jí byl časově či místně výrazně vzdálen. Proto se lidé někdy touží podobat nějaké velké historické osobnosti.

Je-li naše vůle získávat uspokojena, vnímáme ji jako potěšení. Pokud své touhy uspokojit nedokážeme, cítíme se prázdní, frustrovaní, ba dokonce začínáme trpět. Kvůli tomu závisí naše štěstí na tom, zda naše tužby byly, či nebyly naplněny. Jakýkoli krok, od těch nejjednodušších po nejkomplexnější, činíme proto, abychom dosáhli jediné věci – zintenzivnění potěšení či zmenšení bolesti. Jedná se vlastně o dvě strany téže mince.

Baal Hasulam v eseji *Mír* píše: „Přírodní badatelé velmi dobře vědí, že bez motivace ve smyslu vlastního obohacení se člověk nedopustí sebemenšího pohybu. Jestliže například zvedne ruku ze židle na stůl, udělá to proto, že si myslí, že mu tento přesun přinese větší požitek. Kdyby si to nemyslel, nechal by ruku po zbytek života na židli, aniž by jí hnul o píď, natož ještě s velkým úsilím."

Hodnotíme-li lidi ve srovnání se zbytkem přírody, zjišťujeme, že jejich jedinečnost nespočívá pouze ve vůli a v kvalitě tužeb. Vychází také ze skutečnosti, že naše touhy neustále narůstají a mění se, a to jak za života jedince, tak během generací. Zkoumání evoluční historie dalších druhů ukazuje, že před několika tisíci lety byli například primáti prakticky identičtí s dnešními potomky. Je pravda, že u primátů dochází ke změnám jako u kteréhokoli prvku v přírodě. Jedná se však o biologické změny, jež se podobají těm, které se jako geologické vyskytují u minerálů. Za tutéž dobu ovšem lidstvo prošlo zásadními změnami.

Evoluce lidské touhy po potěšení

Evoluce lidské touhy po potěšení způsobila, že člověk cítí neustálou potřebu vyvíjet, vynalézat a objevovat nové věci. Větší touha znamená větší potřeby, jež přinášejí bystřejší intelektuální a vnímací schopnosti. Takto růst vůle získávat ovlivňoval evoluci lidstva.

Nejprve se vůle užívat si projevovala fyzickými touhami, jako je touha přežít, rozmnožovat se a mít rodinu. Tyto touhy existují od počátku lidstva. Jenže člověk je tvor společenský, a tak se v nás zrodily další takzvané *lidské* či *společenské touhy*, jako je touha po bohatství, cti, nadřazenosti a slávě. Změnily tvář lidstva, neboť představily společenské třídy, hierarchické systémy a změny v socioekonomických strukturách.

Následně přišla touha užívat si vědění, jíž doprovází vývoj vědy, vzdělávacích systémů a kultury. Její stopy se prvně objevily během renesance a rozvíjely se během průmyslové a vědecké revoluce až do dnešního dne.

Dalšími projevy touhy po vědění byl nástup osvícenství a sekularizace společnosti: tato touha totiž vyžadovala, aby člověk chápal vše o realitě, jež ho obklopuje. Proto vyhledával stále další informace a chtěl všechno zkoumat a řídit.

Pokud sledujeme lidskou evoluci v oblasti kultury, vzdělávání, vědy a technologie a chápeme, že všechny uvedené procesy byly vedeny touhami, dojdeme k závěru, že postupně se vyvíjející touhy také působily při všech našich nápadech, vynálezech a zlepšeních. Všechno jsou pouze technické nástroje, které byly vyvinuty, aby naplnily potřeby, jež aktuální touhu vyvolaly.

Tento proces evoluce touhy se neděje pouze v celém lidstvu napříč dějinami; odehrává se také v soukromém životě každého z nás. Touhy, o nichž hovořím, se v nás objevují jedna po druhé ve škále kombinací a řídí kurz našeho života.

Naše *touha užívat si* je ve skutečnosti jakýmsi vnitřním motorem, který nás žene vpřed a vyvolává procesy, jež se posléze v lidské společnosti rozvíjejí. Evoluce našich tužeb je nekonečná a určuje jak naši současnost, tak naši budoucnost.

2 Hranice potěšení

> *Na tomto světě existují pouze dvě tragédie. Jednou je nedostat, co člověk chce, a druhou dostat to. Druhá je mnohem horší; ta druhá je skutečná tragédie!*
>
> Oscar Wilde, *Vějíř lady Windermerové*

Ať už potěšení, které zkoumáme, pramení z vědění, nadvlády, respektu, bohatství či vlastního potěšení, z jídla nebo sexu, zdá se, že největší radost zažíváme ve všech uvedených případech při onom kratičkém setkání mezi touhou a jejím uspokojením. Potěšení se totiž od okamžiku, kdy touhu začínáme naplňovat, zmenšuje. Může trvat minuty, hodiny nebo dny, nicméně pohasíná. Dokonce i když snahou něco získat strávíme mnoho let, například jde-li o prestižní místo, jakmile je máme, pocit potěšení ztrácíme.

Potěšení, jež touhu uspokojí, je evidentně také tím, co ji ukončí.

Prodchne-li navíc ona radost naši touhu a vzápětí se vytratí, vzbudí to v nás novou touhu užívat si, jež však bude dvakrát silnější než ta původní. Co nás uspokojí dnes, neuspokojí nás zítra. Chceme víc, mnohem víc. Tak se uspokojením jedněch tužeb posilují další naše touhy a nutí nás, abychom na jejich uspokojení pracovali ještě mnohem usilovněji.

Jakmile naše touha získávat věci zeslábne, zeslábne i náš pocit ze života a naše vitalita. Takto poskytuje lidská společnost každému jedinci neustále nové touhy, které mu na další prchavý okamžik dávají smysl života. Avšak my si zas a znovu na okamžik připadáme naplněni, jenže pak jsme opět jako vycucnutí, jen abychom zakusili větší frustraci.

Dnešní společnost nás pobízí, abychom získávali víc a víc, abychom skoro všechno kupovali, i když na to nemáme prostředky. Agresivní marketing, potřeba dosáhnout na sociální normy a jednoduchost, s jakou lze získat úvěr, nás vedou k tomu, že nakupujeme vysoko nad výši svého příjmu.

A to i přesto, že jakmile si něco pořídíme, nadšení z toho, že vlastníme novou věc brzy opadne, jako by tu ani nikdy nebylo. Zato splátky s námi zůstávají roky. V takových případech se zklamání z nákupu časem nezapomíná, ba spíše se hromadí. Ani bohatství nepřináší štěstí. Nový výzkum pod vedením profesora Daniela Kahnemana odhaluje obrovskou mezeru mezi hodnocením efektu parametrů, jako jsou bohatství a fyzický stav, na náladu člověka v podání „normální osoby" a jejich skutečným dopadem podle měření provedených v rámci daného výzkumu. Výzkum měřil každodenní náladu lidí a mezi lidmi bohatými a chudými nezjistil žádný výrazný rozdíl. Negativní nálady (zlost a nepřátelství) se navíc častěji vyskytovaly u lidí bohatých. Jedno z vysvětlení pro absenci silnější vazby mezi bohatstvím a každodenním štěstím zní, že si na komfort a nový životní standard rychle zvykáme a okamžitě chceme ještě víc.

Hranice touhy užívat si lze shrnout slovy Baala Hasulama: „Tento svět je stvořen s touhou po velkém bohatství a prázdnotou bez něj. K získání majetku je vyžadován pohyb. Je ovšem známo, že nadbytek pohybu lidi bolí... Zároveň je však nemožné zůstat prost majetku... Proto volíme mučení pohybem, abychom majetek nabyli. Avšak jelikož veškerý jejich majetek je jen pro touhy a ‚ten', kdo má jednu porci, chce porci dvojitou, člověk nakonec umírá pouze s tím, že má ‚v rukou půlku své touhy'. Nakonec trpí obousečně – jednak proto, že jej stále více bolí příliš mnoho pohybu, a jednak proto, že se lituje, neboť nedisponuje majetkem, který potřebuje za účelem naplnění prázdné poloviny."

Z toho vyplývá, že touha užívat si nás staví do zjevně nemožné situace. Na jednu stranu naše touhy neustále rostou. Na stranu druhou nám jejich naplnění, jež nás stojí tolik úsilí a práce, dopřeje jen krátkodobé uspokojení, kvůli kterému se cítíme zpola prázdní.

Ošálení touhy užívat si

Lidstvo v průběhu času vyvinulo různé metody, jak by se s neschopností uspokojit potřebu užívat si mohlo vyrovnat. Většinou se zakládají na dvou principech, které naši touhu v podstatě *ošálí*: zaprvé na principu osvojení uspokojujících zvyků a zadruhé na principu snižování touhy užívat si.

První spoléhá na nabývání zvyků prostřednictvím podmíněnosti. Nejprve se dítě naučí, že jisté jednání bývá odměněno. Jakmile požadované jednání zvládne, získá za odměnu uznání učitelů a společnosti. Dítě roste, odměny se postupně vytrácejí, zato však dotyčné jednání zůstává v mysli dospělého zavedeno jako užitečné.

Jakmile si člověk zvykne vykonávat jisté kroky, stane se pro něj uspokojujícím již jejich samotné provádění. Proto onu činnost odvádíme velmi pečlivě a dokážeme-li ji vylepšit, cítíme velké zadostiučinění. Tento *modus operandi* je navíc obvykle doprovázen příslibem budoucího ocenění, někdy dokonce *post mortem*.

Druhý princip staví na omezování touhy užívat si. Chtít a nemít je totiž mnohem smutnější než nechtít vůbec. V prvním případě dotyčný trpí, zatímco ve druhém je spokojený s tím, co má. Východní učení přivedlo tyto metody až do extrému a vyvinula širokou škálu způsobů, jak lze intenzitu touhy užívat si zmírnit. Využívaly k tomu duševní i fyzické cvičení, díky němuž intenzitu utrpení snižovaly.

Dokud se budeme věčně zaměstnávat honbou za dalším potěšením, zachováme si přinejmenším svůj denní režim a naději. Navzdory možnému pocitu, že nám něco chybí a jsme nespokojení, protože nemáme, co chceme, už jen pouhá honitba za vytouženým potěšením často slouží jako přijatelná náhražka za skutečné naplnění touhy. Lov způsobuje, že se cítíme živí, neboť tak bez přestání sledujeme nové cíle a nové touhy a doufáme, že se uspokojíme buď jejich uskutečněním, nebo alespoň tím, že budeme dřít, abychom jich dosáhli.

Zdá se, že dosud jsme tyto metody využívali moudře. Ovšem uvedená řešení jsou stále méně účinná, jelikož touha užívat si sílí. Narůstající egoismus lidstva již neumožňuje, abychom se podrobili falešným rozhodnutím nebo abychom touhu utišili. To je zřejmé v každé oblasti života, a to od úrovně velmi osobní až po úroveň celého lidstva.

Jeden takový příklad, který zesílení ega ilustruje, je úpadek instituce rodiny. Zintenzivněný egoismus v první řadě udeří na rodinné vztahy obecně, a zejména pak na vztahy mezi manželem a manželkou, neboť naši druhové jsou obvykle našimi nejbližšími. Rostoucí ego nám ztěžuje to, abychom náleželi sobě navzájem a svým rodinám.

Dříve byla instituce rodiny před otřesy chráněná; byla ostrovem stability. Jestliže se ve světě vyskytly problémy, odcházeli jsme a bojovali. Měli-li jsme trable se sousedy, vždy jsme se mohli přestěhovat. Rodinná jednotka vždy bývala bezpečným přístavem.

Dokonce i když jsme ve skutečnosti v rodině zůstat nechtěli, zůstali jsme, kvůli dětem nebo kvůli rodičům, kteří potřebovali naši péči. Jenže dnes je naše ego tak nafoukané, že nebereme ohledy na nic. Tento fakt dokazují rozvody a neúplné rodiny, jejichž počet narůstá, navzdory velkým obtížím, jež znamenají pro děti. Nedávný vzestup v počtu domovů pro seniory, tedy instituce, která v minulosti vůbec neexistovala, představuje ještě další svědectví o rozpadu rodiny.

Zesílení ega s sebou nese také globální efekty, jejichž následky jsou dalekosáhlé a staví nás do bezprecedentní situace. Na jedné straně nám globalizace ukazuje, jak jsme všichni propojeni – z hlediska ekonomiky, kultury, vědy, vzdělávání a ve všech dalších oblastech. Na druhou stranu se naše ega dostala do stavu, ve kterém nedokážeme vystát další lidi.

Opravdu jsme vždy byli jednotlivými součástmi jediného systému. Ovšem až dodnes jsme si toho nebyli vědomi. Příroda to dává najevo dvěma silami působícími zároveň: přitažlivá síla nás všechny spojuje do jednoho a odpudivá nás navzájem odpuzuje. Jakmile tedy tyto dvě síly začnou svou orientaci projevovat výrazněji, začínáme zjišťovat, jak závislí jsme, a zároveň se pod tlakem narůstajícího ega proti této závislosti bouříme. Neučiníme-li přítrž narůstající netolerantnosti, odcizení a zášti, nakonec se navzájem zničíme.

Baal Hasulam varoval před tímto nebezpečím již dávno. Než zemřel, vysvětloval, že pokud prudce neodbočíme z egoistické cesty, ocitneme se ve třetí, nebo dokonce čtvrté světové válce. Upozorňoval, že půjde o války jaderné, jež skončí vymýcením většiny světové populace.

Albert Einstein vyjádřil podobné obavy v telegramu z 24. května 1946: „Uvolněná síla atomu změnila všechno, až na způsob našeho myšlení, a tak se řítíme k nevídané katastrofě." Dnes zní jejich slova bohužel aktuálněji než kdy jindy.

V celé historii jsme věřili, že před námi jsou lepší časy, že dosáhneme pokroku ve vědě, technologii, kultuře a vzdělání, díky čemuž bude náš život kvalitnější a šťastnější. Jedno z míst, jež tuto víru ukazuje nejlépe, je Raketa Země, atrakce v Epcotu v Disney Worldu v Orlandu, který byl postaven na počátku osmdesátých let minulého století. Návštěvníci jsou zde provázeni po zastávkách v podobě historických mezníků v evoluci lidstva. Cesta začíná u prehistorických jeskynních maleb, pokračuje všemi důležitými body lidské evoluce, jako jsou například počátky používání papíru a dřeva, a končí dobytím vesmíru člověkem. Atrakce je navržena dle převažujícího postoje své doby, a proto je konstruována jako óda na člověka. Lidské dějiny jsou prezentovány jako neustálý pochod k dokonalému štěstí s výmluvným postojem: „Bude to tu zítra, a pokud ne zítra, pak pozítří; ne-li pro naše děti, tak pro naše vnoučata."

Uběhlo pár let a tento optimistický přístup již neplatí. Každý z nás má vše, o čem by před sto lety mohl jen snít – nekonečné možnosti rekreace, cestování, odpočinku, sportu – seznam je bez konce, a přesto již v lepší budoucnost nevěříme. Dříve růžový obrázek se proměnil v černající se temnotu, na niž ukazují nárůsty sebevražd, násilí, teroru, ekologických tragédií a dále sociální, ekonomické a politické nestability.

Stojíme na křižovatce. Začínáme střízlivět a chápat, že jasná budoucnost není samozřejmostí. Místo toho se zdá pravděpodobnější, že naše děti nebudou mít tak dobrý život jako my. Pocit komplexní krize jak na individuální, tak na kolektivní úrovni vychází z povědomí, že nic z toho, co jsme vyvinuli, nedokázalo vytvořit trvalé štěstí.

Zde koření také pocity, jako jsou bezvýznamnost a prázdnota; proto jsou deprese a drogy záhubou dneška. Jedná se o výrazy bezmoci, jež nastupuje, poněvadž nevíme, jak uspokojit své touhy užívat si. Naše ega došla do bodu, kde je neuspokojí nic, co už znají.

Typickým důkazem pociťované bezmoci je postoj k životu, který sledujeme u mladých lidí. Mnozí přistupují k životu velmi odlišně od svých rodičů v témže věku. Mají před sebou celý širý svět s nespočtem příležitostí uspět a realizovat se. Přesto jich stále více o tyto cíle ztrácí zájem. Jako by na realizaci svého velkého potenciálu neměli žádný zájem a jako by předem věděli, že nakonec to bude k ničemu.

Také vidí ve svém okolí dospělé, již se tolik snaží, a přitom stále nejsou šťastní. Takové postřehy je stěží dovedou k touze pracovat! Pro rodiče je těžké porozumět, proč je tomu tak, protože za svého mládí byli tolik odlišní. Je to proto, že každá generace si nese zkušenosti, zážitky a rozčarování předchozích generací.

Situaci nám odteď nepomůže vylepšit žádné známé řešení. Teprve tehdy, až pochytíme základ přírody, podle něhož žije každý živý organismus, jakož i celá příroda, dokážeme pochopit, kde chybujeme. Chceme-li mít smysluplný, bezpečný a klidný život, musíme znát dokonalou metodu, jak uspokojit touhu užívat si, své ego.

3 Altruismus je zákon života

Při zkoumání přírody narážíme na jev zvaný altruismus. Tento pojem pochází z latinského slova *alter*, což znamená *jiný*. Francouzský filozof z 19. století Auguste Comte altruismus definoval jako *opak egoismu*. Další běžné definice altruismu jsou *láska k ostatním*, *oddanost sebe sama vůči lásce k ostatním*, *přílišná štědrost* a *neegoistická starost o ostatní*.

Altruismus je podobně jako egoismus termín, který se nehodí k žádnému jinému tvorovi než k člověku. Jde o to, že koncepty jako *záměr* a *svobodná vůle* se vztahují pouze k lidskému druhu. Ostatní tvorové svobodu volby nemají. Činy v podobě dávání a dostávání, příjmu a výdaje, jakož i lovu a sebeobětování mají ostatní zvířata geneticky zakódované. My však tyto termíny na živočichy budeme aplikovat a používat je v souvislosti s nimi, abychom snáze vysvětlili zákony přírody a vyvodili z nich závěry pro lidi.

Na první pohled příroda vypadala jako kruh egoistů, kde přežívají jen nejsilnější. To vedlo badatele k vymýšlení různých teorií, jež vysvětlují přímé i nepřímé motivy živočichů k altruistickému jednání. Podrobnější zkoumání a širší perspektiva však ukazují, že ve skutečnosti každá bitka či konfrontace zvyšuje rovnováhu v přírodě i vzájemnou podporu přežití. Zmíněné bitvy vedou ke zdravější přírodní populaci a celkově dokonalejší evoluci všech tvorů.

Další příklad rovnováhy v přírodě lze zmínit z počátku 90. let v Severní Koreji, kdy se tamější vláda rozhodla zbavit pouličních koček, které začaly být na obtíž. Několik týdnů po vymýcení většiny koček došlo k výraznému nárůstu počtu myší, krys a hadů. Severokorejská vláda musela nakonec nerovnováhu napravit tak, že dovážela kočky ze sousedních států.

Další klasický příklad představují vlci. Obvykle je považujeme za neklidná a nebezpečná zvířata. Když však došlo ke snížení vlčí populace, ozřejmilo se, že významně přispívají k udržování vyrovnaného stavu zvěře, divokých prasat a hlodavců. Ukázalo se, že na rozdíl od lidí, kteří raději loví zdravá zvířata, vlci loví především ta, jež jsou nemocná a slabá, a tak přispívají ke zdraví zvířeny v dané oblasti.

A tak čím dále proniká vědecký výzkum, tím více vychází najevo, že všechny části přírody jsou vzájemně propojenými součástmi jediného komplexního systému. Jestliže se na přírodu podíváme skrz vlastní emoce, často cítíme, že umí být krutá. Jenže pojídání jednoho tvora druhým ve skutečnosti zaručuje harmonii a zdraví kolektivního systému. Každou minutu v našem vlastním těle umírají miliony buněk a miliony dalších se rodí. Přesně na tom záleží pokračování života!

Harmonie mezi buňkami živého organismu

V každém mnohobuněčném organismu funguje úchvatný jev. Pokud budeme každou buňku zkoumat jako samostatnou jednotku, uvidíme, že funguje egoisticky a myslí jen na sebe. Jestliže ji však budeme studovat jako součást systému, vypozorujeme, že si bere jen minimum potřebné pro sebezáchovu, zato většinu aktivity věnuje ve prospěch těla. Chová se jako altruista, myslí pouze na dobro těla a podle toho se chová.

Mezi všemi buňkami v těle musí panovat absolutní harmonie. Jádro každé z nich obsahuje genetický kód, který pokrývá veškeré informace o daném těle. Teoreticky se jedná o souhrn informací, jež jsou třeba k znovuvytvoření celého těla.

Každá buňka si musí uvědomovat celé tělo. Musí vědět, co tělo potřebuje a co pro ně může udělat. Kdyby tomu tak nebylo, tělo by nepřežilo. Buňka existuje ve stavu *uvažování* o těle jakožto celku. Všechny její činnosti, počátek a konec jejího dělení, specifikace buněk a pohyb k určitému místu v těle nastávají v souladu s potřebami těla.

Propojenost vytváří život na nové úrovni

Přestože všechny buňky v našem těle obsahují identické genetické informace, každá z nich aktivuje v závislosti na svém umístění a funkci jejich různou část. Když se embryo teprve začíná vyvíjet, všechny jeho buňky jsou identické. Ovšem s tím, jak roste, se buňky diferencují a každá získává vlastnosti jistého druhu.

Takže všechny mají vlastní mysl či povědomí, nicméně vzájemné altruistické propojení jim umožňuje vytvořit nového tvora, úplné tělo, jehož mysl a povědomí patří k vyššímu stupni a neobsáhne je jedna konkrétní buňka, nýbrž až propojení všech.

Rakovinotvorná buňka je egoistická

Zdravé buňky se definují širokou škálou pravidel a omezení, zatímco rakovinotvorné žádná omezení neberou v potaz. Rakovina je stav, kdy je tělo ničeno vlastními buňkami, které se začaly nekontrolovaně množit. Rakovinné buňky se totiž při rozmnožování agresivně dělí, a to bez ohledu na potřeby okolí a příkazy těla.

Ničí své prostředí, a tak vytvářejí volný prostor pro sebe a svůj růst. Sousedící cévy nutí, aby vrostly do výsledného nádoru, aby jej vyživovaly, a tak si podmaňují celé tělo.

Egoistickým jednáním zkrátka rakovinné buňky způsobí smrt těla. Fungují tak navzdory tomu, že jim to nepřináší žádný prospěch. Opak je vlastně pravdou, neboť smrt těla znamená smrt také pro jeho atentátníky. Způsob, jakým se rakovinné buňky zmocňují těla hostitele, je vede k vlastnímu zániku. Proto živí-li egoismus sám sebe, vede tím všechno ke smrti včetně vlastní. Egoistické chování a obecná nepozornost vůči potřebám celého těla vede přímo ke zkáze.

Jedinec versus kolektiv

Ve zdravém těle se v případě potřeby buňky vzdají vlastního života ve prospěch těla. Pokud se v nich vyskytnou chyby, jež by je mohly proměnit v buňky rakovinné, aktivuje zasažená buňka mechanismus, který její život ukončí. Strach, že by se mohla stát rakovinotvornou a ohrozit celé tělo, ji přinutí, aby se ve prospěch života těla vzdala vlastního.

Podobné altruistické chování lze sledovat, byť za jiných podmínek, na životě buněčné hlenky (*Dictyosteli-*

um mucoroides). V ideálních podmínkách žije tento organismus ve formě samostatných buněk, jež si samy zajišťují potravu a nezávisle se rozmnožují. Pokud je však potravy nedostatek, spojí se a vytvoří mnohobuněčné tělo. Během stavby nového těla se některé buňky vzdají života, aby podpořily přežití ostatních buněk.

Pomoc druhým

Mnohem více příkladů altruismu v přírodě uvádí v knize *Dobráci od přírody* biolog zabývající se primáty Frans de Waal. V jednom popisovaném experimentu byli od sebe dva primáti odděleni průhlednou stěnou, která jim umožňovala navzájem se vidět. Každý dostával potravu v jiný čas a navzájem se ji snažili přes přepážku předávat.

Pozorování ukázala, že je-li některá opice zraněná či handicapovaná, ostatní mají tendenci zvyšovat ostražitost a péči o druhé. Chromá opice dokázala přežít dvacet let v drsném podnebí, a dokonce vychovat pět mláďat díky pomoci, již jí zajistily další opice.

Další opice duševně i fyzicky opožděná přežila díky pomoci jedné své starší sestry, která ji velmi dlouho tahala na hřbetě a chránila ji. Opice, jež přišla o zrak, měla zajištěnu speciální stráž samců. Sameček bez přestání stál u svého churavého bratra, jehož postihl epileptický záchvat, ruku držel na jeho hrudníku a pevně bránil ošetřovatelům, kteří chtěli bratra vyšetřit, aby se k němu přiblížili.

Velmi podobně jednají i další zvířata. Delfíni podporují své zraněné druhy a drží je u hladiny, aby je ochránili před utonutím. Sloni se spojili, aby pomohli jednomu z nich, jenž umíral na písku. Snažili se ho maximálně zvednout tak, že mu pod tělo zasunuli choboty a kly. Někteří si při tom kly dokonce zlomili. A konečně kamarádi sloní samičky, jež byla zasažena pytláckou kulkou do plic, se pod ní ohnuli, aby jí zabránili v pádu.

Kolektivní společnost u živočichů

V živočišném světě lze pozorovat úchvatné příklady kolektivních společenství, kde každý prvek funguje ve prospěch celku. Patří sem například mravenci, savci nebo ptáci.

Biologové Avišag a Amotz Zahaviovi zkoumali společenský život timálie šedé (*Turdoides squamiceps*), zpěvavého ptáka hojně se vyskytujícího v suchých zemích Středního Východu, a popsali na ní řadu altruistických jevů. Timálie šedá žije ve skupině, spolupracuje při obraně svého území a společně inklinuje k jedinému hnízdu na něm. Zatímco ostatní jedí, jedna zůstává i navzdory hladu na stráži a hlídá skupinu. Nalezne-li timálie potravu, nabídne ji kamarádům, než se sama nasytí. Krmí mladé jiných členů skupiny a dohlíží na každou jejich potřebu. Jestliže se přiblíží dravec, varovně piští, aby na něj ostatní členy skupiny upozornila, dokonce i když riskuje, že se sama vystaví nebezpečí. Riskuje život i proto, aby zachránila člena, kterého již predátor chytil.

Vzájemná závislost

Na vztah vzájemné závislosti naráží vědecký výzkum v bezpočtu příkladů. Jeden z nich představuje třeba juka, jež navázala symbiotický (vzájemně závislý) vztah s jedním motýlkem. Samička motýla pomáhá rostlinu oplodnit a přenáší pyl z tyčinek jednoho květu přímo na pestík druhého. Následně naklade vajíčka do místa, kde se vyvinou semínka juky. Když se larva vylíhne, krmí se rostoucími poupaty. Nicméně jich rostlině zanechá dostatek na to, aby mohla dále růst. Udržováním tohoto typu vztahu si rostlina i motýl zajišťují trvání svého druhu.

Bez nouze či nedostatku

Profesor Theodore C. Bergstrom vysvětluje v eseji napsané v roce 2002, že v životním prostředí bez lidí žijí živočichové podle toho, co je prospěšné pro prostředí, nikoli dle zákona *přežití nejsilnějších*, jak jsme o tom obvykle přesvědčeni. V takové společnosti si zvířata zachovávají vyrovnanou existenci a hustota populace se vždy přizpůsobuje aktuálním životním podmínkám. Žádná její část nepociťuje nedostatek ani nestrádá, pokud nedojde k nějaké *nehodě*, jejíž následky však živočišná společenství co nejrychleji napraví. Tato společnost přetrvává díky chování, které každému prvku umožňuje ideální podmínky k přežití a k optimálnímu využití zdrojů daného prostředí.

V přírodě vše směřuje k jednotě

Evoluce přírody dokazuje, že proces, kdy dochází ke změně světa na globální vesnici, není náhodný. Spíše se jedná o přirozenou etapu na cestě civilizace k úplné harmonii.

Podle evoluční bioložky Elisabet Sahtourisové bude na konci tohoto procesu existovat jediný systém, jehož části budou vzájemně propojeny a budou spolupracovat. Na přednášce na konferenci v Tokiu v roce 2005 Sahtourisová vysvětlila, že evoluce sestává z fází individualizace, konfliktu a soutěže, přičemž na konci každé etapy se jednotlivé prvky spojí v jediný harmonický systém.

Jako příklad použila evoluční proces života na Zemi. Před miliardy lety byla země osídlena bakteriemi. Bakterie se množily, a tak začaly bojovat o přírodní zdroje, jako je potrava a teritorium. Následně se vytvořila nová entita, které přírodní podmínky vyhovovaly lépe – bakteriální kolonie.

Bakterie jsou vlastně společenstvím bakterií, jež funguje jako jediný organismus. Přesně podle těchto pravidel se začali vyvíjet jednobuněční tvorové, stali se z nich tvorové mnohobuněční, až nakonec obsáhli komplexní těla rostlin, živočichů a lidí.

Každý odlišný prvek má osobní egoistický zájem. Esencí evoluce je však skutečnost, že prvky s osobním zájmem se spojují do jediného těla a fungují v kolektivním zájmu daného těla. Proces, jímž lidstvo aktuálně prochází, považuje Sahtourisová za krok nutný k vytvoření jediné lidské rodiny – společnosti, která se bude starat o zájmy nás všech za podmínky, že budeme fungovat jako její zdravé součásti.

Prozkoumáme-li tedy podrobně prvky přírody, pochopíme, že altruismus je pro život základem. Každý živý organismus a každý systém se skládá ze soustavy buněk či součástí, jež spolupracují, navzájem se doplňují a pomáhají si. Přežívají díky altruistickému zákonu *jeden za všechny* a podle něj i vše sdílejí. Čím hlouběji do přírody pohlédneme, tím více příkladů reciproční provázanosti nalezneme a zjistíme, že základní zákon přírody rovná se *altruistické spojení mezi egoistickými prvky*.

Příroda to zařídila tak, že mají-li buňky zformovat živé tělo, musí se každá chovat vůči ostatním altruisticky. Vytvořila pravidelnost, podle níž je lepidlem, které pojí buňky a orgány do živého těla, jejich vzájemný altruistický vztah. Z uvedeného tedy vyplývá, že síla, jež tvoří život a udržuje ho, je altruistická – jde o sílu dávání a sdílení. Jejím cílem je tvořit život, který bude založený na altruistické existenci, harmonický a v němž bude mezi všemi prvky panovat rovnováha.

4 Narušení rovnováhy

> *Ó, člověče! Již nepátrej po původci zla;*
> *jsi jím ty.*
> Jean-Jacques Rousseau,
> Vyznání savojského vikáře

> *Neboť nejkrutějším zvířetem je člověk.*
> Friedrich Nietzsche, Tak pravil Zarathustra

> *Člověk je jediný živočich, který se červená.*
> *A je také jediný, který k tomu má mnoho*
> *důvodů..*
> Mark Twain, Podél rovníku

Podle zákona altruismu fungují až na lidské ego všechny prvky přírody. Jsou v rovnováze se svým prostředím a vytvářejí harmonické systémy. Pokud se rovnováha naruší, organismus se začne rozpadat, takže schopnost obnovovat ji je nezbytnou podmínkou existence života.

Tělo v podstatě veškerou ochrannou sílu vydává na zachování rovnováhy. Mluvíme-li o silném či slabém těle, odkazujeme na jeho schopnost udržet si rovnováhu. K tomu je třeba, aby se každý prvek choval altruisticky k systému, jehož je součástí. To přírodě poskytuje základ úplné harmonie a dokonalosti. Jestliže se určitý prvek životním principem altruismu neřídí, narušuje tak rovnováhu. Tyto dva termíny – altruismus a rovnováha – jsou proto vzájemně propojeny jakožto příčina a následek.

Až na člověka mají všichni tvorové k dispozici jakýsi vyrovnávací software, který je nutí dělat to, co je v konkrétním okamžiku za účelem udržení rovnováhy potřeba. Vždy vědí, co činit, a tak nenarážejí na nejistotu a neznámé situace, kdy by netušili, jak se v novém prostředí chovat. Nemají svobodu jednat dle své vůle, a proto samozřejmě nedokážou změnit přírodní rovnováhu. Lidé, jako jediní nemají zmíněný vyrovnávací software instalován.

Vzhledem k tomu, že příroda nám nevnukla dostatečné znalosti či instinkty ohledně existence v rovnováze s přírodou již při narození, cítíme se nejistě, nevíme, jak se v lidské společnosti správně chovat, a jak být v rovnováze s lidmi kolem sebe. Vyrovnaný stav je také nejšťastnější – jedná se o dokonalou situaci, kdy vše probíhá harmonicky, aniž bychom se potřebovali stavět na odpor či museli budovat ochranné zdi.

Nepřítomnost vyrovnávacího softwaru zavádí naši sociální evoluci egoistickým směrem, což se s každou další generací zintenzivňuje. Následkem toho způsob, jakým se člověk snaží uspokojit svou touhu užívat si, nebere v potaz existenci ostatních lidí. Netoužíme se altruisticky vázat s ostatními, jak se to děje v přírodě, a tedy nevíme, že právě tímto způsobem nalezneme dokonalé štěstí, po němž tolik bažíme.

Pokud se nad sebou zamyslíme, zjistíme, že skutečně uvažujeme pouze o vlastní existenci. Všechny naše vztahy s ostatními jsou prostě zaměřeny k vylepšení vlastní situace. Chceme-li si byť jen o píď přilepšit, jsme ochotni nechat úplně zmizet ty, které nepotřebujeme. Žádný jiný tvor nedokáže pustošit své okolí. Žádný jiný tvor nedokáže těžit uspokojení z toho, že utlačuje ostatní, a mít potěšení z toho, že oni trpí. Pouze člověk zakouší uspokojení za cenu žalu někoho jiného. Existuje dobře známá maxima, jež říká, že je mnohem bezpečnější kráčet po boku nasyceného lva než nasycené lidské bytosti.

Egoistické cíle, které v nás z generace na generaci narůstají, často na úkor ostatních, jsou v ostrém kontrastu se základním cílem přírody: nabídnout každému prvku optimální existenci. Proto je lidský egoismus jedinou škodlivou silou na světě, jedinou silou, jež ruší rovnováhu v celém přírodním systému.

Baal Hasulam v eseji *Mír na světě* píše: „Rovná stránka všech lidí na světě spočívá v tom, že každý z nás stojí připraven využít a zneužít všechny lidi kvůli vlastnímu soukromému prospěchu, a to všemi možnými prostředky, a bez ohledu na to, že se vypracuje na trosce svého přítele." A dále dodává: „Člověk… má pocit, že všichni lidé na světě by měli podléhat jeho vládě a měli by žít k jeho soukromému užitku. A to je zákon, který nelze porušit. Jedinci se liší jen tím, co si vybírají. Jeden se rozhodne využívat ostatní proto, že mu jde o nižší touhy, jinému jde o vládu, zatímco třetímu o respekt. Ba co víc, kdyby na to člověk nemusel vynakládat velké úsilí, rád by si celý svět podmanil prostřednictvím všech tří: bohatství, vlády i respektu. Je však nucen zvolit si dle svých schopností a dovedností."

Se zaujetím sledujeme, že chceme-li si vydláždit cestu ke klidnému životu, musíme nejprve řádně porozumět své egoistické povaze. Baal Hasulam tvrdí, že vlastně není náhodou, ba spíše je naprosto správné, že náš egoismus se umocňuje. To proto, abychom přesně pochopili, jak daleko jsme se vzdálili od všeobecně platného zákona reality, zákona altruismu, který tvoří základ našeho života, a abychom se přinutili onu vzdálenost upravit.

Účel zintenzivnění ega je přimět nás, abychom si uvědomili, že oproti komplexní síle přírody, jejímiž kvalitami jsou altruismus, láska a sdílení, je naše ego orientováno opačným směrem a chce „hrabat" pouze pro sebe na úkor dalších. Dále budeme na náš opačný pól oproti přírodní síle odkazovat jako na *nerovnováhu s přírodou* nebo prostě *nerovnováhu*, zatímco osvojení si altruismu budeme označovat jako *rovnováhu s přírodou*.

Co nám činí potěšení?

Již výše jsme uvedli, že naše touhy se dělí na fyzicko-existenční a lidsko-společenské. Nyní se zaměříme na druhou skupinu, abychom pochopili, co způsobuje onu nerovnováhu v našich vztazích vůči ostatním lidem. Lidsko-společenské touhy se dělí do tří základních kategorií: touhy po bohatství, touhy po uznání a nadvládě a touhy po vědění. Tyto kategorie symbolizují všechna nefyzická přání, jež nás mohou napadnout. Lidsko-společenské touhy vděčí za svůj název dvěma důvodům: a) Absorbujeme je ze společnosti. Kdybychom žili sami, po dotyčných věcech bychom nebažili. b) Uvedené touhy lze realizovat jedině ve společnosti. Máme-li být přesní, je třeba říci, že co je nezbytné k existenci, nazýváme *fyzickým*, a cokoli mimo to se označuje za *lidsko-společenské*. Můžeme sledovat, jak každičkou touhu využíváme k něčemu, co překračuje rámec toho, co je nutné k přežití. A to je vlastně důvod, proč se u nás takové touhy vyvíjejí.

V nitru každého z nás se skrývá jiná směska lidsko-společenských tužeb, jež se navíc během života mění. Někdo touží více po bohatství, jiný po cti a další po vědění. Vše představuje jiný druh či úroveň touhy.

- Bohatství symbolizuje touhu vlastnit, mít. Je to touha získat a přivlastnit si celý svět.
- Čest představuje vyšší úroveň touhy. Člověk již nechce vše „chňapnout" jako dítě, ale uvědomuje si, že kolem něj se rozprostírá široký svět, a je ochoten celý život dřít, aby získal úctu lidí v něm. Taková osoba je dokonce ochotná za respekt platit.

  Touha po penězích je primitivnější než touha po cti; jde o touhu lapit vše a připoutat to k sobě. Touha po cti však nemá zájem na zničení jiného člověka. Dotyčný místo toho u ostatních vyhledává pocit autority, nadřazenosti nad nimi a jejich respekt. Jako by šlo o touhu kupovat si svět, který však zůstává vně a toto respektuje.
- Vědění a touha po něm odpovídají ještě větší touze po nadřazenosti. Jedná se o touhu získávat znalosti, znát každý detail reality, chápat, jak vše funguje a jak lze k vlastnímu prospěchu manipulovat přírodou i lidmi. Symbolizuje touhu člověka vše řídit a všemu i vládnout prostřednictvím mysli.

Každá touha mimo rámec základních tužeb vztahujících se k přežití k nám přichází ze společnosti a pouze vůči ní se měří úspěch a neúspěch v jejich uspokojení. Dříve zmiňovaný výzkum vedený profesorem Kahnemanem ukázal, že když jsou lidé vyzváni, aby ohodnotili své štěstí nějakým stupněm, primárně je posuzují podle společenských norem.

Výzkum také ukázal, že naše štěstí pramení méně z toho, co máme, zato více ze srovnání naší situace se sousedovou. Proto také štěstí nenarůstá přímo úměrně tomu, jak bohatneme. Jestliže totiž vyděláváme více peněz, porovnáváme se s bohatšími společnostmi.

Míru svého štěstí či neštěstí tedy můžeme stanovit jediným způsobem, a to porovnáním s ostatními. Pokud jiná osoba v něčem uspěje, začneme jí závidět. Kdesi v hloubi, a někdy dokonce i navenek si přejeme, aby jiná osoba zklamala. Je to neřiditelná, automatická reakce. Jsme šťastní, jestliže ostatní selžou, protože naše relativní postavení to okamžitě vylepší.

Lidská potěšení nad rámec potřeb fyzického těla závisejí na našem postoji k ostatním a na tom, jak si vztahů s lidmi považujeme. Cítíme se dobře nikoli díky tomu, co získáváme, nýbrž díky své nadřazenosti nad ostatními, respektu společnosti, a tedy skrz sebeúctu a moc řídit, kterou nám výše uvedené garantuje.

Popsaný egoistický postoj vůči okolí vytváří mezi námi a základním zákonem přírody – altruismem – nerovnováhu a nesoulad. Naše egoistické aspirace vyvýšit se nad ostatní, užívat si na jejich úkor a oddělit se od nich odporují tlaku přírody skloubit všechny své části do altruistického spojení. Egoismus je tudíž příčinou veškerého utrpení.

V přírodě fungují zákony, jež nás ovlivňují, aniž bychom je znali. Přírodní zákony totiž platí absolutně. Jestliže člověk nějaký poruší, toto odchýlení na něj zapůsobí a přinutí ho zákon znovu poslechnout.

Většinu přírodních zákonů platných na úrovni neživé, rostlinné, živočišné, a také na úrovni našeho těla již známe. Mýlíme se ovšem, že v lidských vztazích žádné neexistují. Jde o to, že dokud se pohybujeme na určitém stupni, nedokážeme jeho zákony pochopit. Uvědomíme si je až při pohledu z vyšší úrovně. Proto si zatím nezvládneme vytvořit přímé spojení mezi egoistickým chováním a negativními jevy v našem životě.

Správné používání ega

Skutečnost, že ego produkuje v přírodě nerovnováhu, ještě neznamená, že se jej musíme zříci. Pouze je nutné upravit způsob jeho používání. Lidstvo se je v průběhu historie snažilo všelijak zrušit nebo uměle potlačit, aby dosáhlo rovnosti, lásky a společenské spravedlnosti. Revoluce a společenské změny přicházejí a odcházejí, jenže všechny selhávají, poněvadž rovnováhu lze docílit jedině správnou kombinací plné moci přijímání s plnou mocí darování.

V předchozí kapitole jsme viděli, že základní zákon pro všechny živé organismy představuje altruistické spojení mezi egoistickými prvky. Tyto dva odporující si prvky – altruismus a egoismus, dávání a přijímání – existují v každé materii, tvorovi, jevu a procesu. Na materiální, emocionální či jakékoli jiné rovině vždy narazíte na dvě síly, nikoli jednu. Navzájem se doplňují a vyrovnávají, byť se prezentují různě: jako elektrony a protony, záporný a kladný náboj, odpor a přitahování, kyselina a zásada nebo nenávist a láska. Každičký prvek v přírodě udržuje vzájemný vztah se systémem, který jej podporuje, přičemž zmíněný vztah obnáší harmonické dávání a přijímání.

Příroda usiluje o to, aby nás dovedla k dokonalosti, k nekonečnému štěstí, proto nám vnukla touhu užívat si. Není třeba rušit ego; jen je musíme upravit či přesněji změnit způsob, jak touhy užívat si využíváme, a to tak, že se přeorientujeme z egoistického přístupu k altruistickému. Správná evoluce využívá plné síly touhy užívat si, jež je v nás skryta, ovšem v její upravené podobě. Vzhledem k tomu, že ego je navíc naší povahou, lze proti němu jen stěží bojovat či ho na neurčitou dobu potlačovat, protože tím bychom šli proti přírodě. Pokusíme-li se o to, zjistíme, že to nedokážeme. Ačkoli nám aktuální stav nenaznačuje, že nám příroda přeje, abychom si užívali, je to proto, že na rozdíl od každého jiného stupně v přírodě naše ega ještě nedokončila svůj rozvoj.

Baal Hasulam to vysvětluje v eseji *Základ náboženství a jeho smysl* takto: „U všech přírodních systémů, tedy oněch čtyř typů – neživého, rostlinného, živočišného a řečového, jež máme před očima, vidíme, že každému tvorovi, ať už jako součásti celku, nebo samostatně, se dostává účelného vedení ve smyslu pomalého a postupného růstu cestou příčiny a účinku. Podobně se k potěšujícímu smyslu vede ovoce na stromě, aby nakonec zesládlo a hezky vypadalo. Běžte se zeptat botanika, kolika fázemi plod prochází od okamžiku, kdy je ho vidět, do doby, kdy je zcela zralý. Nejenže ranější fáze nevypovídá nic o jeho konci, o jeho sladkosti a podobě, ale navíc jako by nás chtěl trápit, se projevuje právě naopak: čím sladší je na konci, tím hořčejší je v dřívějších fázích vývoje."

Pravdou je, že dokonalost přírody není u žádného tvora zřejmá, dokud tento nedosáhne konečné podoby. V případě lidí jde o to, že náš aktuální stav dosud nedosáhl kompletní a finální podoby. A tak vypadá negativně. Avšak stejně jako u ovoce na stromě není ani na nás nic, co bychom museli ničit, jinak bychom totiž neměli z čeho růst.

Síla ega je úžasná věc. Dovedla nás až sem a díky ní se prokoušeme i k dokonalosti. Právě ego nás tlačí vpřed a usnadňuje nám neomezený pokrok. Bez něj bychom se nevyvinuli do lidské společnosti a od zvířat bychom se v zásadě nelišili. A konečně se dnes díky němu ocitáme v situaci, kdy již netoužíme po uspokojení efemérních, známých potěšení, nýbrž hodláme získat to, co leží za jejich hranicemi.

Vtip spočívá v tom, že musíme najít nejlepší a nejmoudřejší způsob, jak naše ego využít k postupu směrem k altruistickému provázání s dalšími lidmi. Metoda, jež nám toto umožňuje, se nazývá moudrost kabaly. Svědčí o tom i původ jejího jména: *kabbalah* znamená *přijímat*. Takže moudrost kabaly rovná se moudrost, jak dokonale přijímat dokonalé potěšení. Kabala nevyžaduje, abychom přirozené egoistické tendence, které nás ženou vpřed, nějak potlačovali. Naopak jejich existenci uznává a vysvětluje, jak je můžeme nejlépe a nejúčinněji využít k dosažení dokonalosti.

V průběhu evoluce jsme nuceni harmonicky kombinovat veškeré sklony a prvky, jež máme v sobě, a zapráhnout je do procesu. Například o závisti, chtíči a cti obvykle přemýšlíme v negativním smyslu. Existuje dokonce i dobře známá maxima, která tvrdí: „Závist, chtíč a čest zavádějí člověka mimo svět" (Avot, 4:21).

Méně známý je však hlubší význam této maximy. Svět, odkud nás závist, chtíč a čest odnášejí, je tento svět; kdežto svět, do něhož nás přivádějí, je svět duchovní, vyšší stupeň přírody. Ovšem přes jednu podmínku: stane se tak jedině v případě, že zmíněné přirozené sklony namíříme pozitivním a prospěšným směrem, což nám umožní dosáhnout rovnováhy s altruistickou silou přírody.

Krize jako příležitost obnovit rovnováhu

Číňané používají k zápisu slova krize dva tahy štětcem. První tah znamená nebezpečí, druhý příležitost. V krizi si uvědomujte nebezpečí, ale rozeznávejte příležitost.
John F. Kennedy, z projevu v Indianapolis, 12. dubna 1959

Příroda usiluje o rovnováhu. Všechno dění směřuje k tomu, aby se k ní propracovala každá její část. U sopek například hluboko v Zemi stoupá tlak tak dlouho, až jej zemská kůra nezvládá tlumit. Výsledkem této nerovnováhy je vulkanická erupce, kterou se tlak pod zemí a na povrchu srovná. Takto příroda řeší nerovnovážný stav.

Fyzikální a chemické zákony vysvětlují, že snaha o udržení rovnováhy je jediným původcem veškerého pohybu hmoty či předmětu. Dochází proto k jevům, jako je vyrovnávání tlaku, koncentrací či teplot, tok vody do nejníže položeného místa a rozptyl horka a chladu. Vědeckým termínem se vyrovnaný stav označuje za *homeostázu*. (*Homo* znamená latinsky *tentýž* a *stasis* označuje *stav*.) Jedná se o stav, k němuž tíhne vše v realitě. Na lidské úrovni však vyžaduje vědomou účast. Takže za zodpovědné nemůžeme být považováni, dokud si nejsme vědomi skutečnosti, že náš egoistický postoj vůči ostatním škodí nám i světu. Příroda nám přichází na pomoc a ukazuje nám, že zde panuje nerovnováha: což je důvod, proč nás nyní vede do bodu úplné krize v naší egoistické evoluci.

Krize nás má přesvědčit, že jdeme po špatné stezce a musíme změnit kurz. Není to trest, nýbrž naopak, díky ní máme vykročit k dokonalosti.

Na světě samozřejmě žádné tresty neexistují, jelikož není naší chybou, že se rodíme jako egoisté. Vše, co se v našem světě nachází, jsou prostředky určené k našemu rozvoji. Musíme mít na paměti, že lidské bytosti, jež v zásadě zosobňují touhu užívat si, se bez pocitu nedostatku nehnou ani o píď. Jinými slovy se posunujeme jen díky absenci naplnění touhy, a proto se pohybujeme pouze k budoucímu naplnění. Pokud nám něco chybí či jsme-li nespokojení, trpíme a začínáme hledat řešení. Tak dosahujeme pokroku a vyvíjíme se.

Za krizi považujeme výskyt jistých *chyb*, které nám příroda úmyslně vložila do vínku. Tyto chyby lze opravit vlastními silami, a tak se můžeme zdokonalovat. Když v minulosti, před stovkami a tisíci let, lidstvo trpělo, nedokázalo pochopit proč. Nyní jsme připraveni příčinu pochopit i porozumět tomu, že utrpení nás navádí přímo k osvojení altruismu, tedy vlastnosti přírody milovat a dávat. Proto se příroda může zeptat: „Reaguješ správně na to, co ti je předáváno?" Dnes nám totiž spolu s bolestí umožňuje pochopit i důvod.

Dosud jsme s přírodou vycházeli značně přímočaře: ona nás nutila vyvíjet se tím, že v nás provokovala touhy, a my jsme „hnali", abychom se rozvíjeli v různých směrech – v kultuře, vzdělání, vědě a technologii.

Nyní jsme však náhle dospěli do slepé uličky, kde se musíme zastavit a sami sebe prozkoumat. Nastala chvíle, kdy získáváme schopnost studovat své touhy. Odteď s tím nesmíme přestat. Uvědomění už nestačí dále rozvíjet pouze bádáním, jak naše touhy lépe využívat; musíme o nich začít přemýšlet a zvažovat je z nové perspektivy. Musíme se začít ptát: „Co dělám se svými touhami a proč?" Každý z nás se musí pozorovat. Síla přírody je konstantní altruistická síla. Je neměnná a stále nás tlačí do toho, abychom se s ní vyrovnávali. Jediné, co se mění a roste, dle programu, je ego v našem nitru. Narůstající rozdíl mezi egem a silou přírody zvyšuje nerovnováhu, což vnímáme jako tlak, nepohodlí, utrpení nebo jiný negativní jev či krizi.

Intenzita takového tlaku závisí na stupni naší nerovnováhy. V minulosti nás soužilo méně utrpení a diskomfortu, neboť egoismus býval menší. Dnes zjišťujeme, že každým dnem narůstá.

Z toho vyplývá, že intenzitu utrpení či štěstí, jež zažíváme, si určujeme sami, a to v závislosti na úrovni naší nerovnováhy vůči přírodě. Jinými slovy pravou příčinou všeho utrpení a kořenem všech nepříjemností a krizí je skutečnost, že jsme neintegrovanými součástmi integrovaného systému.

Jestliže spojíme všechny projevy individuální a kolektivní krize s lidským egem – příčinou nerovnováhy v systému, budeme schopni posunout se k řešení. Pokud je bolest provázena pochopením toho, kde pramení, a podaří-li se člověku vycítit účel utrpení, jsou bolesti přínosné, neboť se staly silami pokroku.

Takže krize není krizí, nýbrž pokročilejším stavem lidské evoluce, což se nejprve projevuje jako negace aktuálního stavu. Pokud však změníme postoj a uvědomění a na celou věc pohlédneme z jiné perspektivy, pochopíme, že co teď vypadá jako krize, je ve skutečnosti zlatá příležitost.

5 Uposlechnutí zákona přírody

Trasu nelze proběhnout správně, pokud nebyl správně stanoven sám cíl.

Francis Bacon

Smysl života

Hlavní síla, která řídí a zachovává přírodu, je síla altruistická. Ta nutí všechny prvky přírody, aby fungovaly jako orgány v jediném těle, tedy v rovnováze a v harmonii. Jakmile jednotlivé součásti tuto podmínku splní, dosáhnou propojení zvaného život. Toto pouto existuje na všech stupních s výjimkou člověka; proto smysl našeho života spočívá v tom, abychom je nezávisle vytvořili. A přesně k tomu nás příroda pobízí.

Takové pouto se získává altruistickým postojem vůči ostatním a projevuje se starostí o jejich blaho. Dotyčný postoj garantuje dokonalou radost, neboť vytvořením zmíněného pouta jedinec dosahuje rovnováhy s komplexním zákonem přírody a plně se do přírody integruje.

Lidé jsou jediní tvorové, již z recipročního pouta nevycházejí, a proto necítíme život. Přestože je pravda, že v jakémsi povrchním smyslu živí jsme, v budoucnu zjistíme, že termín *život* se ve skutečnosti vztahuje k úplně jinému způsobu existence.

Cesta, která vede k realizaci smyslu života, zahrnuje dlouhou fázi egoistické evoluce, jež trvá několik tisíců let. Na konci tohoto období vystřízlivíme z myšlenky, že šťastni budeme díky egu, a pochopíme, že nárůst egoismu pokládá základ každému našemu problému!

Dále si musíme uvědomit, že každý z nás je součástí jediného systému. Podle zákona altruismu se musíme začít vztahovat k ostatním a propojovat se s nimi jako kompatibilní orgány v jediném těle.

Zpočátku budeme motivováni útěkem od problémů našeho života, přičemž budeme ve všech ohledech okamžitě odměněni úlevou od utrpení. Také získáme nový smysl pro význam a majetek v životě. Jakmile se však do popsaného procesu pustíme, zjistíme, že příroda má s námi plány, jež hranice spokojeného žití násobně přesahují. Kdyby bylo šlo jen o toto, vyrovnávací software v podobě altruismu by byl stejně jako živočichům nainstalován i nám.

Jenže jsme byli stvořeni s egoistickou povahou, a to proto, abychom zvládli sami pochopit, že aktuální podoba našeho ega nám škodí, neboť je opakem kvality vlastní přírodě. Nezávislá snaha dobrat se rovnováhy nás postupně dovede k rozpoznání měřítek altruismu, neboli vlastnosti milování a dávání.

Každý prvek v přírodě evidentně funguje k prospěchu systému, v němž se nachází. Tato vyrovnaná existence je však instinktivní, na materiální úrovni. Člověk se od ostatních stupňů v přírodě liší tím, že je tvorem myslícím, přičemž síla myšlenky je ve skutečnosti nejmocnější silou.

Síla myšlenky přesahuje všechny síly neživé, jako je gravitace, elektrostatická nebo magnetická síla a radiace. Také převyšuje sílu, jež podněcuje růst a evoluci na úrovni rostlinné, a sílu, která pobízí zvířata, aby je přitahovalo to, co jim přináší užitek, a odpuzovalo je to, co jim škodí. Dokonce sahá výše než síla našich egoistických tužeb.

Na stupni neživé, rostlinné a živočišné přírody se tak správný postoj prvků vůči systému projeví na úrovni materiální. U člověka vyžaduje úpravu úroveň myšlenek a postoje vůči ostatním. *Kniha Zohar*, jedna z klíčových knih moudrosti kabaly, již zhruba před dvěma tisíci let napsal Rabí Šimon Bar-Jochaj, ji definuje takto: „Vše se vyjasňuje myšlenkou" (Zohar, část 2, položka 254).

Nám vlastní odpor k tomu, abychom se s jinými lidmi spojovali do jediného celku, charakterizuje náš egoismus. Altruismus představuje opak, jde o významný posun, kdy se od vlastního srdce a touhy přenáší důraz na vnímání ostatních jakožto součásti sebe sama. Hodláme-li tedy nastolit rovnováhu mezi sebou a zákonem přírody v podobě altruismu, musíme se dostat do stavu, kde si budeme chtít užívat altruistický vztah k ostatním i ono připoutání, jež nás zapojí jakožto součást do jediného systému, namísto toho, abychom mínili druhé zneužívat a vládnout jim.

Proces, v němž egoistický zdroj potěšení nahrazujeme jiným, který je motivován altruisticky, se nazývá *Tikkun* (*oprava*) *ega* nebo prostě *Tikkun*. Staví na vytvoření nové touhy, a to touhy osvojit si altruismus.

Chceme-li činit v opravném procesu pokroky, potřebujeme sílu myšlenky. Baal Hasulam v eseji *Myšlenka je výsledkem touhy* vysvětluje, že naše touha užívat si určuje, o čem přemýšlíme. Říká například, že o věcech, jež se naší touze příčí, například o dni naší smrti, nepřemýšlíme. Dumáme pouze nad záležitostmi, které si přejeme. Touha tedy plodí myšlenku;

neboli vyvolává myšlenky, jež realizaci našich tužeb zjednodušují.

Baal Hasulam nicméně dále píše, že myšlenka disponuje také zvláštní schopností. Může fungovat opačným směrem. Jinými slovy může navyšovat touhu. Pokud si budeme něco přát jen málo, ovšem budeme na to myslet, naše touha poroste. A bude tím větší, čím více budeme o dotyčném přemýšlet.

Díky uvedené schopnosti se rozbíhá stále sílící cyklus, ve kterém narůstající touha zintenzivňuje myšlenku a myšlenka dále zesiluje touhu. Prostřednictvím tohoto mechanismu si pěstujeme obrovskou touhu po něčem, co sice považujeme za důležité, co však nemůžeme odpovídajícím způsobem zařadit mezi nespočet ostatních tužeb. Nicméně lze takto zajistit, aby se středobodem našich přání stala touha po osvojení altruismu.

Nasnadě je otázka: „Jak můžeme zintenzivnit své myšlenky na altruistické pouto k ostatním, jestliže naše touha po něm není zdaleka ta největší? Nakonec dnes máme mnohem více tužeb, a také velkých tužeb, mnohem reálnějších a hmatatelnějších, které jsou jedinými, o nichž přemýšlíme." Nebo přesněji: „Jak dokážeme ono kolo myšlenka-touha-myšlenka rozhýbat?"

Zde vstupuje do hry vliv našeho sociálního prostředí. Pokud víme, jak si kolem sebe vybudovat vhodné prostředí, poslouží nám toto jako zdroj nových tužeb a myšlenek, které podpoří naše úsilí při osvojování altruismu. Vzhledem k tomu, jak výrazně ovlivňuje evoluci člověka sociální prostředí, věnujeme další dvě kapitoly tomuto tématu.

Co bychom měli podniknout?

Musíme začít přemýšlet, jaký přínos pro nás bude mít rovnováha se silou přírody, a uvědomit si, že na tom závisí naše pozitivní budoucnost. Myšlenky je třeba soustřeďovat na to, že jsme součástí jediného integrovaného systému, který sestává ze všech lidí bez ohledu na to, kde se nacházejí. A podle toho se musíme k lidem začít chovat.

Správný, altruistický přístup k ostatním znamená, že své záměry, myšlenky a starosti budeme směřovat na jejich blahobyt. Jestliže jsou naše myšlenky navedeny tímto směrem, přejeme každému, aby získal vše, co k živobytí potřebuje. Nicméně vedle fyzického blaha bychom měli zaměřovat sílu myšlenky také na to, abychom pozvedli úroveň uvědomění dalších lidí. Musíme chtít, aby se každá jednotlivá osoba cítila jako součást celku a podle toho i jednala. To je v první řadě především vnitřní práce – na úrovni myšlenky. Tu je tedy třeba zvažovat a nenechat ji zmizet z mysli. Takovým myšlenkám bychom měli připisovat velký význam, neboť na nich závisí naše štěstí a blahobyt. Právě díky nim budeme uchráněni před problémy a nepříjemnostmi. Přestože to zpočátku může vypadat poněkud abstraktně, pozitivní budoucnost závisí přesně na nich a jen na nich.

Vedle toho, že si vůči lidem vypěstujeme vnitřní altruistický postoj, můžeme se v jejich zájmu dopouštět i altruistických činů: můžeme sdílet své znalosti o smyslu života a o tom, jak jej lze dosáhnout. Předáme-li tyto vědomosti ostatním a oni se nám stanou partnery v ohledu dané otázky, jelikož budou pracovat s týmiž myšlenkami a týmž myšlením týkajícím se řešení, pak jsme vyvolali pozitivní změnu v onom jediném systému, jehož jsme všichni součástí. Ve výsledku naše uvědomění ještě více zesílí a v životě okamžitě zaznamenáme pozitivní změny.

Jediná osoba, která upraví svůj postoj k ostatním, vyvolá změnu v celém lidstvu. Vztah mezi jedincem a lidstvem lze popsat takto: vy i celé lidstvo jste součástí jediného systému. Ostatní jsou však zcela závislí na tom, jak je řídíte. Máte v rukou celý svět. Takto se realita uzpůsobuje každé konkrétní osobě.

Pro snadnější porozumění si zobrazíme krychli se zhruba sedmi miliardy vrstev, což je přibližně počet lidí na Zemi. Každá vrstva patří jedné osobě, jež ji řídí. V každé vrstvě se nachází sedm miliard buněk, jednou z nich jste vy. Zbytek buněk symbolizuje začlenění ostatních lidí ve vás. Takto je uspořádán jediný systém přírody. Neboli každá osoba je integrována do všech ostatních lidí; a tak jsme všichni svázáni dohromady.

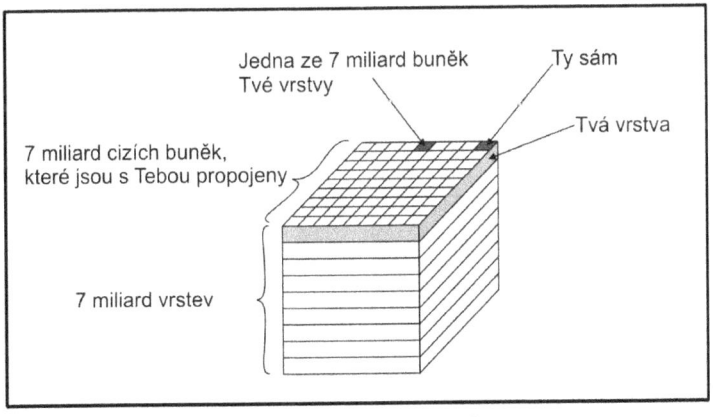

Schéma propojení člověka
v jediný přírodní systém

Pokud upravíte svůj postoj byť k jediné jiné buňce ve své vrstvě, probudili jste svou vlastní část v někom jiném. U daného jedince tím vyvoláte pozitivní změnu, což jej přiblíží k tomu, aby chtěl sám upravit své chování vůči ostatním.

Změna ovlivní více lidí než jen dotyčnou osobu. Zapůsobí na celou jeho vrstvu včetně všech ostatních buněk, s nimiž je propojena. V oné krychli má navíc každá ze zmíněných ostatních buněk vlastní vrstvu, a ta je nyní také probuzena.

Jestliže tedy svůj postoj vůči ostatním lidem upraví byť jen jediná osoba, spustí se řetězec událostí, proces nevědomých, pozitivních změn v povědomí všech lidí. Takové interakce mezi vrstvami v krychli podněcují celé lidstvo k úpravě a vybízí je k celistvosti.

Měli bychom mít na paměti, že v tomto okamžiku se lidstvo nachází vůči altruistické přírodě v opozici. Takže i když se odhodláme k sebemenší změně, posuneme lidstvo o píď blíže k rovnováze s ní. Větší rovnováha znamená menší nerovnováhu, což s sebou obnáší i nižší výskyt negativních jevů. Lidé, kteří svůj postoj dosud neupravili, to sice zatím nevnímají, zato ti, kdo změnu vyvolali, to pocítí okamžitě. Takže čím více se v myšlenkách a svými činy utvrzujeme, že jsme součástí jediného systému, tím dříve ucítíme, že žijeme v přátelském světě, na veselém a dobrém místě.

Sílu myšlenky a zásadní vliv člověka na realitu vyjádřil velký kabalista Rabí Abraham Isaac HaCohen Kook následujícími slovy (rukopis, str. 60): „Vyžaduje mnoho zvykání, abychom cítili sílu života a realitu síly myšlenky, abychom poznali moc konceptu a posílení života a sílu reality myšlenky. A abychom vědomím pochopili, že čím více stoupají, rafinují se a leští myšlenky, tím více stoupá, rafinuje se a leští člověk a svět. A všechny stránky reality, jež vždy podléhají síle myšlenky, neboli jejich vzestupy i pády záleží na posílení či oslabení síly myšlenky člověka."

Jestliže se myšlenka povznáší a člověk za odměnu zaujímá vůči ostatním lidem poupravený postoj, dotyčný si klade i nové cíle:

Kesef (*peníze*) pochází ze slova *Kisuf* (*touha*). Odkazuje na touhu získat touhy jiných osob a starat se o jejich uspokojení, což do značné míry připomíná pozici matky, jež lne ke svým dětem a raduje se z toho, že naplňuje jejich potřeby.

Respekt – člověk respektuje každou osobu a se všemi jedná jako s partnery.

Znalosti – člověk si přeje, aby každému porozuměl, a tedy pochopil, co ostatní potřebují. Míní se s nimi tímto způsobem spojit, a tak dosáhnout rovnováhy s přírodou. Nakonec má dotyčný zajištěno, že pochopí i pocítí altruistickou myšlenku, kterou je prodchnuta celá realita: myšlenku přírody. To je vstup do nejvyššího stupně v přírodě – do dokonalosti.

Mnohem snazší, než to vypadá

Tento opravný proces, během něhož zdroj potěšení z užívání si egoismu nahradíme užíváním si altruismu, vypadá nejprve docela komplikovaně. Skutečnost je nicméně docela jiná, než napovídá počáteční dojem. V eseji *Mír na světě* Baal Hasulam píše: „Na první pohled zní plán utopicky, jako něco, co přesahuje schopnost lidské povahy. Když se však do něho vnoříme dostatečně hluboko, zjistíme, že rozpor mezi přijímáním pro sebe a propůjčením se ostatním není nic než psychologická záležitost."

Termín *psychologická záležitost* neoznačuje problém, který mají řešit terapeuti; spíše jím definujeme potíž s vlastním vnitřním postojem k tomu, jak si užíváme. Jsme zvyklí radovat se z egoistického uspokojení; proto je pro nás těžké pochopit, že se vůbec lze těšit nějak jinak.

Připadá nám snazší kráčet s egem takovým, jaké je, aniž bychom ho upravovali – promrhat život a nechat se unášet jeho proudy, ctít přístup k životu podle hesla: co se má stát, se stane. Jenže pravda je někde úplně jinde. Ačkoli si toho nejsme vědomi, naše ego, to, jemuž tolik důvěřujeme a na něž spoléháme, že nás vždy přivede do optimálního stavu, ve skutečnosti nejsme my. Ego se chová spíše jako tyran, který v nás sídlí a podmaňuje si nás podle svých požadavků. Prostě jsme si zvykli myslet, že se jedná o naše požadavky a že naše ego pracuje k našemu prospěchu.

Musíme si uvědomit, že ego nám vládne, aniž by se ptalo, zda o jeho vládu máme zájem, že nás podvádí a tváří se v našem nitru, jako bychom my chtěli jisté věci, když si je ve skutečnosti přeje ono. Jakmile si uvědomíme, kolik snahy a energie vydáváme na to, že plníme jeho požadavky, a že za ohromné úsilí obdržíme vždy minimální odměnu, budeme s egem v jeho aktuální, neupravené podobě zacházet jako s nejhorším tyranem ze všech.

Baal Hasulam tvrdí, že kdyby si lidé zrekapitulovali úsilí, jež vydají za potěšení, které skutečně v životě zakusí, zjistili by, že „…bolest a utrpení, jež podstupují ve snaze udržet se při životě, je mnohokrát větší než ta trocha potěšení, kterou v životě zakusí" (Úvod k Výkladu Deseti Sefirot, položka 3). Tato skutečnost nám však zůstává skryta.

I naše ego se schovává v našem nitru a maskuje se, jako bychom ono a my byli totéž. Zas a znovu nás vyzývá, abychom vyhledávali egoistické radosti. Naše podstata však ve skutečnosti odpovídá pouze touze užívat si, tedy nikoli egoistické touze užívat si, jak by se nám mohlo zdát. Jinými slovy naše ego není doopravdy naše, tudíž bychom mezi těmi dvěma měli činit rozdíl.

Ve chvíli, kdy člověk tento rozdíl uvidí a bude si chtít osvojit altruismus, a tak docílit rovnováhy s přírodou, okamžitě ucítí pozitivní podporu přírody. Také bychom si měli povšimnout, jak velký rozdíl panuje mezi snahou o egoistické činy a snahou o činy altruistické. Jakmile jedinec nabude kvality přírody, jeho altruistické činy již nebudou vyžadovat energii a úsilí. Naopak se samozřejmostí sobě vlastní jdou samy od ruky, navíc nabízejí pocity euforie, veselí a uspokojení.

Altruistické činy skutečně energii nevyžadují; neboť ji produkují. Altruistická síla totiž působí jako slunce, jež vysílá své světlo a je stálým dodavatelem prakticky nekonečné energie. Egoistická síla chce naopak neustále něco získávat a nabývat; proto je stále v deficitu.

Tento jev lze přirovnat k pozitivnímu a negativnímu pólu na elektrické baterii. V okamžiku, kdy se člověk ztotožní s pozitivní silou, cítí, jak se dobíjí energií a jak jej naplňují nekonečné schopnosti. Jako by se proměnil v bezedný pramen, který ve svém nitru vytváří nekonečnou energii a uvolňuje ji.

Dlouhá a krátká cesta

Osvojení si kvality altruismu je naším smyslem života. Evoluční zákon přírody nás k němu tlačí prostřednictvím egoismu. Smysl přírody spočívá v tom, aby nás přiměla pochopit, jakou změnu po nás požaduje, a abychom se ztotožnili se změnou postoje vůči ostatním lidem, čímž se obohatíme o uvědomění a porozumění. Každý z nás si může vybrat mezi dvěma cestami:
1. Postoupíme v evolučním procesu dále díky tomu, že si uvědomíme svou egoistickou povahu, pochopíme, že nám škodí a je v opozici ke kvalitě přírody – k altruismu, a následně zjistíme, jakým postupem to můžeme napravit.
2. Počkáme, až nás rány, tlaky a utrpení, které pramení z nerovnováhy s přírodou přinutí, abychom metodu nápravy zmíněné nerovnováhy vyhledali proti své vůli.

Náprava ega tím, že unikneme tlakům a utrpení, je zajištěna. Máme však možnost zvolit si nejprve evoluční proces, neboli chápání ega a jeho řízení. Vybereme-li si ji, rychle a bezbolestně dosáhneme rovnováhy s obecným zákonem přírody – s altruistickým zákonem dávání a milování. Tyto dvě stezky evoluce se nazývají *cesta nápravy* a *cesta utrpení*.

Není pochyb, že konečným vítězem bude příroda, jejímž zákonům nakonec podlehneme. Otázkou však zůstává, jaký způsob si zvolíme pro to, jak k tomu dojde. Pokud upřednostníme, že k rovnováze budeme kráčet z vlastní vůle, tedy dříve, než nás k tomu donutí utrpení, budeme šťastní. Jinak nás donutí potíže a nabídnou nám jiný druh motivace. Kupodivu v latině je výrazem pro motiv slovo *stimulus*, což je opravdu ostrá hůl, kterou se osli pohánějí k rychlejší chůzi! Mohlo by se zdát, že chceme-li se dopracovat k rovnováze s přírodou, tedy toho nejlepšího možného stavu, musíme nejprve zakusit stav opačný, neboli ten nejhorší. To proto, že věci vnímáme prostřednictvím protikladů: světlo proti tmě, černá proti bílé, hořké proti sladkému a tak dále.

Existují ovšem dva způsoby, jak si lze špatný stav vyzkoušet. První obnáší skutečnou přítomnost v něm a druhý jeho představení v mysli. Proto jsme byli stvořeni jako emocionální a inteligentní bytosti.

Dokážeme si představit hrůzný význam totální nerovnováhy mezi námi a přírodou, aniž bychom ji fyzicky zakusili, jak se říká: „Kdo je moudrý? Ten, kdo vidí budoucnost." (Talmud Bavli, Tamid, 32:1) Pokud si velmi jasně představíme nejhorší možný stav dříve, než se k němu propracujeme, popis nám poslouží jako motivační síla, která nás může včas odvrátit od budoucích škod směrem k dobru.

Tím si ušetříme hrozné utrpení a zrychlíme tempo evoluce. Rozšiřování znalostí o příčině všech krizí a problémů včetně způsobu, jak je vyřešit a směřovat k novému životu, uspíší postup lidstva na cestě k nápravě.

Změna našeho postoje vůči ostatním lidem způsobí, že celou přírodu opanuje rovnováha

Snadno pochopíme, že tato změna nás povede k řešení problémů na společensko-lidské úrovni. Bude to znamenat konec války, konec násilí a terorismu a konec všeobecné mezilidské nevraživosti.

Tatáž krize se však vyskytuje také na ostatních rovinách přírody, tedy na neživé, rostlinné a živočišné. Co se stane s nimi? Jak se jejich situace vylepší? Možná to vypadá, že míníme-li se starat o stav země, vody, vzduchu, flóry a fauny, musíme působit přímo na ně. Proto je překvapující, že kabalistická metoda úpravy se soustřeďuje na lidské vztahy, jež považuje za klíč k zlepšení stavu celé přírody.

Mohlo by tomu být tak, že pokud upravíme lidské egoistické vztahy, ovlivníme tím všechny stupně? Dala by se tímto způsobem řešit například ekologická nebezpečí nebo nedostatek zdrojů, jež nám hrozí?

Měli bychom vědět, že altruistická síla přírody je jedna jediná. Nedělí se. My v ní nicméně rozlišujeme přírodu neživou, rostlinnou, živočišnou a řečovou – jinak řečeno existují čtyři různé stupně přírody, jež nás ovlivňují.

Na úrovni neživé přírody se jedná například o to, že nás ovlivňuje země. Na úrovni rostlinné na nás působí rostliny a stromy; na živočišné jsou to zvířata a naše vlastní tělo; a konečně na řečovém stupni nás zpracovává společenské prostředí. Jedná se však stále o tutéž sílu, kterou do mnoha úrovní a sil dělí jen naše smysly, jak uvidíme později.

Maximální rovnováhy s altruistickou silou člověk dosáhne tím, že má tutéž myšlenku, touhu a záměr. Tuto rovinu rovnováhy označujeme za *řečový stupeň*. Pokud milujeme ostatní lidi, jestliže lidstvo existuje jako jedna jednotka a jsme-li navzájem propojeni jako součásti jediného organismu, vytváříme mezi sebou a touto silou rovnováhu na nejvyšší úrovni.

Z toho důvodu bude tato síla v rovnováze i ve všech ostatních nižších stupních. Zmizí tak veškeré negativní projevy nerovnováhy – utrpení a nouze, jež dnes zakoušíme na každém stupni: neživém, rostlinném, živočišném i lidském.

Jestliže však docílíme rovnováhy se silou přírody na stupních nižších, než je řečový, a upravíme svůj postoj vůči neživé, rostlinné nebo živočišné úrovni, na uvedených stupních budeme nerovnováhu stále pociťovat. Pokud se například budeme s láskou starat o všechny stupně neživé přírody a vyhneme se ničení země, vytvoříme rovnováhu na neživé úrovni. Ovšem na úrovni rostlinné, živočišné a řečové nerovnováha zůstane.

Takže ačkoli by s námi síla přírody zacházela uspokojivě, došlo by jen k velmi malé, omezené změně. Kdyby se člověk s láskou staral o přírodu na rostlinné úrovni, také by to určitě zvýšilo rovnováhu. Ve výsledku bychom cítili, že naše prostředí je o trochu příjemnější a prostší. Podobně platí, že kdybychom se takto chovali k živočišnému stupni, naši situaci by to trošičku vylepšilo. Jenže vše výše uvedené není nic ve srovnání s vyrovnáváním řečové úrovně: tou jsme my, hovořící lidé. Jde tudíž o to, abychom vyrovnali řečový stupeň v sobě.

Situaci lze přirovnat k dospělému, který k životu přistupuje z perspektivy dítěte a ignoruje svůj talent a dovednosti. Počíná-li si tak, neladí s tím, jak se ke každému chová příroda: v souladu s evolučním potenciálem, jenž je konkrétnímu jedinci vrozený, byť by si jej dotyčný nebyl vědom.

Příroda chce vše uvést do rovnováhy, čehož však dosáhne teprve tehdy, až se jí postoj člověka k ostatním přizpůsobí a změní se v altruistický. Zákon o rovnováze, hnací síla všech probíhajících procesů, nás tedy také nutí k tomu, abychom usilovali o rovnováhu, zvláště na úrovni řečové. Akce podniknuté na nižších stupních nám bezpečný a snadný život neumožní.

Proto platí, že negativní dopad síly přírody na sobě budeme i nadále pociťovat, dokud se mezi všemi lidmi nevypracuje altruistické propojení. Vzhledem k tomu, že naše smysly dělí přírodu do různých úrovní, budeme krize vytvářet také na všech rovinách reality. Takže budeme-li se snažit vyrovnat s jedním problémem, jako je ekologie, ze všech stran se budou čím dál rychleji vynořovat další problémy.

Nemůžeme si dovolit doufat, že manipulacemi na nižších úrovních přírody unikneme skutečnému problému: nápravě egoistických vztahů mezi lidmi. Právě na této nápravě závisí celá příroda. Míníme-li ji skutečně zdokonalit, cestu k cíli je třeba hledat v zapracování na našich osobních vztazích.

Lidé jsou jedinými tvory, jimž povaha umožňuje svobodnou volbu – ona volba je možná pouze na úrovni, kde se upravují lidské vztahy. Úplné uvedení všech stupňů přírody do rovnováhy závisí jen na naší realizaci této volby.

Jen na člověku záleží vše, co se na světě stane. To vysvětluje *Kniha Zohar* (Zohar, Vajikra, položka 113), v níž se píše, že vše existuje a vyskytuje se tu kvůli nám. Má nám to pomoci vytvořit správné propojení mezi námi a ostatními lidmi a vštípit si altruismus, což přinese konečné řešení veškerých světových problémů a díky čemuž nabude celá příroda upravené podoby – v harmonii a dokonalosti.

Rabí Kook situaci popisoval ve svých rukopisech (str. 170) těmito slovy: „Síla stvoření a globálního řízení byla uplatněna maximálně dokonale... existuje však jedna drobná část, která postrádá jistou úpravu... a na jejím doplnění závisí dotvoření celé bytosti. Onou drobnou částí je lidská duše, v podobě touhy a v mi-

mice spirituality. Byla člověku dána, aby ji upravil, a tak dotvořil kompletní bytost."

Zákony přírody zde uvedené jsou skryté a kabalisté je objevili, když studovali přírodu v její celistvosti. Naznačují, jak lze řešit všechny problémy naší existence. Nelze je dokázat, nicméně je lze racionálně a přesvědčivě vysvětlit. Nakonec po všem objasňování zůstává na konkrétním jedinci, aby se rozhodl, zda je přijme, nebo ne.

Příroda tomu tak chce proto, abychom si zachovali nezávislost, schopnost vybrat si, zda chceme, nebo nechceme zjistit, v čem se odkláníme od pravidel – abychom vypátrali odchylku, jež způsobuje, že dopad přírody na sebe vnímáme negativně.

Kdybychom měli věci před sebou narýsovány jako pevná fakta, jasná a jednoznačná, obralo by nás to o schopnost svobodně si vybírat, což je náš jediný prostředek k realizování jedinečného potenciálu naší úrovně. Pak bychom klesli na živočišnou úroveň, kde by nás zcela ovládala příroda. Ta nás však umístila do tohoto utajení, čímž nám umožnila, abychom ji sami doplnili a vytvořili úplný řečový stupeň. Pokud maximálně využijeme možnost svobodné volby, uspějeme.

6 Cesta ke svobodě

Sám sebe vnímá každý z nás jako individualitu, jedinečnou, nezávisle jednající entitu. Ne náhodou lidstvo po mnoho století bojuje o to, aby získalo jistou míru osobní svobody. Koncept svobody se týká všech tvorů. Vidíme, jak zvířata trpí, jestliže se dostanou do zajetí, kde je potlačena jejich svoboda. To je zřejmé svědectví nesouhlasu přírody se zotročením jakékoli bytosti. Přesto je chápání konceptu svobody celkem vágní. Pokud ji budeme zkoumat do hloubky, nezbude z ní skoro nic. Proto před tím, než budeme vyžadovat svobodu pro jednotlivce, musíme předpokládat, že každý člověk skutečně ví, jednak co je svoboda a jednak co je aspirace na svobodu. Především ovšem musíme pochopit, zda je dotyčný vůbec schopen jednat ze své svobodné vůle.

Život je nekonečnou válkou, v níž hledáme zaklínadla pro lepší život. Zeptali jsme se vůbec někdy, co doopravdy řídíme, a co ne? Začněme tím, že je docela možné, že většinou jsou věci naplánovány, a přesto se nadále chováme, jako bychom běh událostí určovali my. Koncept svobody působí jako přírodní zákon, který se vztahuje na všechen život. Proto po svobodě touží každý tvor. Přesto nás příroda neinformuje, v jakých záležitostech si můžeme svobodně vybírat a které nám poskytují pouze iluzi svobodné volby.

Co se tedy týče naší schopnosti vůbec něco změnit, ať už ve svém nitru, či v životě obecně, staví nás příroda do pozice úplné bezmoci, nejistoty a deziluze.

Dělá to proto, abychom se na trati závodu života zastavili a věnovali pár myšlenek otázce: „Co můžeme ovlivnit?" Budeme-li vědět, které prvky nás formují zevnitř i zvenčí, dokážeme pochopit, kde přesně nám příroda umožňuje řídit si osud.

Potěšení a bolest

Potěšení a bolest reprezentují dvě síly, jimiž se řídí náš život. Naše vrozená povaha – touha užívat si – nás nutí dodržovat předem stanovený vzorec chování: touhu získávat maximální potěšení za minimálního úsilí. Tak jsme nuceni vybírat si potěšení a vyhýbat se bolesti. V tomto bodě mezi námi a všemi dalšími živočichy není žádný rozdíl.

Psychologie připouští možnost změny priorit každé osoby. Jsme například naučeni provádět různé kalkulace rentability. Také je možné v očích každé osoby vychválit její budoucnost tak, až bude souhlasit s tím, že kvůli budoucím ziskům podstoupí aktuální mučení. Tak jsme ochotní vydat ohromné úsilí na vzdělávání, abychom se připravili na obchod, jenž nám vynese vysoké mzdy nebo vážené postavení. To je též otázka kalkulací rentability. Spočítáme si, kolik úsilí nám přinese kolik pravděpodobného potěšení, a pokud nám na konci vyjde přebytek potěšení, jednáme tak, abychom ho získali. Tak jsme všichni stvořeni.

Jediný rozdíl mezi člověkem a zvířetem spočívá v tom, že my se umíme těšit na budoucí cíle a kvůli budoucí odměně souhlasíme s tím, že podstoupíme jistou míru těžkostí a bolesti. Pokud se zaměříme na určitého jedince, pochopíme, že z kalkulace tohoto druhu pramení všechny jeho kroky a že je dotyčný vlastně vykonává nedobrovolně. I když nás touha užívat si podněcuje, abychom unikli před bolestí a zvolili si potěšení, nedokážeme si dokonce ani zvolit druh radosti, jejž budeme chtít. To proto, že rozhodnutí o tom, co bychom si chtěli užívat, rozhodně není v našich rukou, neboť je ovlivněno touhami ostatních.

Každá osoba žije v prostředí jedinečných zákonů a kultury. Ty nejenže určují pravidla našeho chování, ale ovlivňují i náš postoj ke každému aspektu života.

Ve skutečnosti si způsob života, oblasti zájmu, volnočasové aktivity, jídlo, které jíme, či módu oblékání, jíž se držíme, nevybíráme. Všechny uvedené záležitosti jsou voleny v souladu s vrtochy a zalíbením společnosti, která nás obklopuje.

Navíc to není nutně ta lepší část společnosti, jež volbu provádí, nýbrž spíše ta větší. Vlastně jsme spoutáni okovy způsobů a preferencí naší společnosti, které se staly normou našeho chování.

Motiv pro veškeré naše jednání je třeba hledat v zisku ocenění společnosti. I když chceme být odlišní, udělat něco, co dosud nikdo jiný nezkusil, nebo koupit něco, co nikdo jiný nemá, či odejít ze společnosti a izolovat se od ostatních, odhodláváme se k tomu kvůli uznání společnosti. Myšlenky jako „Co o mně řeknou?" a „Co si o mně pomyslí?" jsou pro nás nejdůležitějšími faktory, i když je chceme popírat a potlačovat. Nakonec kdybychom je připustili, vypadalo by to, jako bychom vymazali své Já.

Kudy vstupuje volba

Kde tedy existuje svobodná volba, je-li vůbec někde? Jestliže tuto otázku míníme zodpovědět, musíme nejprve pochopit svou vlastní podstatu a vědět, z jakých prvků jsme tvořeni. V eseji *Svoboda* z roku 1933 Baal Hasulam vysvětluje, že každý předmět a každá osoba obsahují čtyři faktory, jimiž jsou určováni. Vysvětluje je na růstu semínka pšenice. Jedná se o vynikající příklad, neboť proces jeho růstu lze snadno sledovat, což usnadňuje pochopení celého konceptu.

1. První faktor – naše vrozená podstata

Prvním faktorem je vrozená podstata každého předmětu. I když může získávat různé tvary, sám o sobě se nikdy nezmění. Pokud například pšenice v zemi vadne a zcela ztrácí tvar, nový klíček pšenice stále roste z jeho inherentní podstaty. První faktor, podstata, základ, náš genetický kód, je s námi od úplného počátku. Nedokážeme ho změnit ani ovlivnit.

2. Neměnné vlastnosti

Evoluční zákony podstaty se nikdy nemění, tudíž právě z nich pramení neměnné vlastnosti každého předmětu. Například semínko pšenice nikdy nezplodí jiný druh obilí než pšenici; bude produkovat jen původní tvar pšenice, jejž předtím ztratilo.

Tyto zákony a vlastnosti, které z nich plynou, jsou předem dány přírodou. Evoluční zákony podstaty v sobě nese každé semínko, každý živočich i každá osoba. To je druhý faktor, jenž se nás týká a který nemůžeme ovlivnit.

3. Kvality, které lze změnit tím, že ovlivníme prostředí

Zatímco semínko zůstane semínkem téhož druhu, jeho vnější vzhled se modifikuje dle vnějšího prostředí. Jinými slovy, je-li ovlivněno externími prvky a definovanými pravidly, „obálka" jeho podstaty své vlastnosti modifikuje.

Vliv vnějšího prostředí přidává podstatě více prvků, takže společně vytvoří novou kvalitu téže podstaty. Zmíněnými prvky mohou být slunce, půda, hnojiva, vlhkost nebo déšť. Určují obtíže, s nimiž se nová pšenice za růstu setká, jakož i její kvantitu a kvalitu.

Pokud tento příklad přeneseme ze semínka na člověka, mohou na pozici faktorů vnějšího prostředí působit rodiče, učitelé, přátelé, kolegové, knihy a zprávy, jež dotyčný čerpá z médií. Třetím faktorem jsou tedy zákony, kterými jednotlivce ovlivňuje prostředí, a tak vyvolává změny vlastností, jež jsou změnitelné.

4. Změny v prostředí, které ovlivňují předmět

Prostředí, jež působí na růst pšenice, je samo ovlivňováno externími prvky. Mohou se v něm tedy odehrávat výrazné změny: mohou nastat například sucha, nebo naopak záplavy, kvůli kterým všechna semena shnijí nebo uschnou. Člověka se čtvrtý faktor týká proto, že kvůli němu dochází ke změnám v samotném prostředí, jež se později promítnou v tom, jak ono prostředí ovlivní ty vlastnosti jedince, jež jsou změnitelné.

Uvedené čtyři faktory tak určují obecný stav každého předmětu; definují charakter, způsob myšlení a proces dedukce člověka; ba dokonce vytyčují, co dotyčný chce a jak jedná v každém daném okamžiku. Baal Hasulam rozebírá každý z nich v eseji *Svoboda* velmi podrobně a dochází k těmto závěrům:

1. Člověk nedokáže změnit svůj genetický kód, svou podstatu.
2. Člověk nedokáže změnit zákony, podle nichž se vyvíjí jeho podstata.
3. Člověk nedokáže změnit zákony, jimiž vnější prvky ovlivňují jeho rozvoj.

4. Chce-li člověk dosáhnout svých životních cílů, dokáže změnit prostředí, ve kterém se pohybuje a na němž je zcela závislý, nebo si vybrat prostředí příznivější.

Jinými slovy sami sebe přímo ovlivnit nedokážeme, neboť nedefinujeme vlastní podstatu ani to, jak se rozvíjí. Ani nedokážeme změnit zákony, kterými na nás působí prostředí. Zvládneme si však život i osud upravit tím, že si vylepšíme prostředí. Naší jedinou svobodnou volbou je tudíž volba správného prostředí. Pokud vyvoláme změnu v podmínkách, jež nás obklopují, a své prostředí zdokonalíme, upravíme jeho účinky na naše změnitelné kvality, a tedy rozhodneme o své budoucnosti.

Ze všech stupňů přírody – neživého, rostlinného, živočišného a lidského – si pouze lidský dokáže vědomě vybrat prostředí, které odpovídá jeho touhám, myšlenkám a činům. Proces úpravy je proto založen na vztahu jednotlivce k prostředí. Pokud bude naše prostředí vykazovat vhodný základ pro růst, dosáhneme báječných výsledků.

7 Uvědomění si svobodné volby

Shrneme-li čtyři faktory, jimiž jsme určováni, pochopíme, že nakonec nás řídí dva zdroje: naše vrozené prvky a informace, které během života vstřebáváme z prostředí.
Je zajímavé, že věda došla k podobným závěrům. Od devadesátých let minulého století se prosazuje obor behaviorální genetiky. Tento vědní obor hledá spojení mezi geny a osobností a lidskými kognitivními a behaviorálními vlastnostmi, jako jsou vznětlivost, podnikavost, nesmělost, násilí a sexuální touha.
Jedním z prvních výzkumníků na tomto poli byl profesor Richard Abstein, vedoucí katedry výzkumu na psychogeriatrickém oddělení nemocnice Sarah Herzogové v Jeruzalému v Izraeli. Profesor Abstein tvrdí, že geny definují zhruba 50 procent našich vlastností, zatímco zbytek je určován prostředím.
Vzhledem k tomu, že svou vrozenou strukturu změnit nedokážeme, musíme se obrátit k druhému prvku, na němž náš rozvoj závisí, tedy na prostředí. Hodláme-li pokročit v realizaci svých životních cílů, můžeme podniknout jedinou věc, a to zvolit si prostředí, které nám pomůže.
V eseji *Svoboda* Baal Hasulam vysvětluje: „Proto je chvály a odměny hoden člověk, jenž usiluje o to, aby si vybíral stále lepší prostředí. I zde však platí, že to není kvůli jeho dobrým skutkům či myšlenkám, které se vynoří, aniž si je dotyčný zvolil, nýbrž kvůli

jeho snaze docílit dobrého prostředí, jež mu tyto dobré myšlenky a skutky přinese."

Ti, kdo se snaží vybírat a vytvářet příznivé prostředí pro optimální rozvoj, tak mohou realizovat svůj individuální potenciál. Chápání tohoto principu vyžaduje celkem vysokou míru uvědomění, nicméně je zřejmé, že toho dnes již dosáhlo mnoho lidí.

Jestliže se rozhodneme změnit svůj postoj z egoistického na altruistický, musíme se uvést do stavu, kde naše touha pečovat o blahobyt ostatních lidí a spojit se s nimi bude mnohem větší než naše touha po egoistickém majetnictví. K tomu může dojít pouze za podmínky, že hodnotový žebříček našeho prostředí bude potvrzovat altruismus jakožto nejvyšší hodnotu.

Byli jsme stvořeni jako společenské, egoistické bytosti. Proto pro nás není nic důležitější než názory lidí kolem nás a smyslem našeho života je pak samozřejmě být společností chválen a oceňován. Jsme zcela a nedobrovolně řízeni jejími náhledy a jsme ochotní cokoli podstoupit pro to, abychom získali její ocenění, uznání, úctu a také slávu. A tak může společnost do svých členů vkládat širokou škálu hodnot a chování.

Společnost také vytváří kritéria, která používáme k měření vlastní sebeúcty a sebehodnocení. Takže dokonce i když jsme sami, jednáme podle jejího zákoníku. Jinými slovy, přestože nikdo nic netuší o jistém činu, jehož se dopustíme, i tak ho vykonáme – kvůli sebeocenění.

Chceme-li začít pracovat na touze starat se o ostatní a svázat se s nimi jako součást jediného systému, musíme se pohybovat ve společnosti, která toto podporuje. Pokud si lidé kolem nás cení altruismu jako nejvyšší hodnoty, každý z nás bude přirozeně nucen podřídit se a přizpůsobit se tomu.

Naše prostředí by mělo v ideálním případě říkat toto: „Jestliže míníte dosáhnout rovnováhy s přírodou, buďte hodní na ostatní, neboli na jediný systém, jehož jste součástí." Je-li prostředí, které nás obklopuje, prodchnuto zřetelnou touhou po altruismu, budeme z něj tuto hodnotu vstřebávat. Pokud na poznámky o altruismu a úctu k němu narážíme, kamkoli se vrtneme, náš postoj k ostatním lidem se změní. Postupně si všimneme, že čím více o tom přemýšlíme, tím více se chceme stát zdravou součástí jediného systému.

Prostředí lze přirovnat k jeřábu, jenž nás zvedá do vyšší úrovně. Takže náš první krok je zamyslet se nad tím, které je pro nás nejvhodnější a podpoří splnění našich životních cílů, a pátrat po něm. Zatímco budeme vstřebávat účinky, jež nám dopřává pobyt ve zvoleném prostředí, budeme se jistěji přibližovat ke svým cílům.

Jak jsme si řekli, nejsilnější silou v přírodě je síla myšlenky. Snažíme-li se proniknout do lepšího prostředí, povede nás tato vnitřní síla tam, kde se můžeme rozvíjet. Čím více se soustředíme na zlepšení svého prostředí, tím více možností k jeho opatření se před námi otevře.

Jakmile budou naše prostředí utvářet lidé, kteří vyhledávají rovnováhu s přírodou, budeme moci využít jejich příkladu a oni nám dodají odvahu a energii. Budou totiž chápat, že s nimi chceme jednat s láskou, a pomohou nám naučit se, jak na to.

Takto tréninkem na jiných lidech pochopíme význam výrazu podobat se síle přírody a pocítíme, jak je příjemné nacházet se uvnitř té lásky. V takovém prostředí se budeme cítit chráněni, šťastně a bezstarostně. To je ten život, k němuž příroda vede lidstvo.

Imitování přírody

Proces osvojování si kvalit přírody ve smyslu lásky a dávání můžeme začít tím, že se pokusíme starat o ostatní lidi a vázat se s nimi s vědomím, že všichni jsme součástí jediného těla. To samozřejmě ještě není korekce vnitřního ega, nicméně první krok to je.

Přírodu můžeme skutečně napodobovat způsobem, jakým dítě imituje svého rodiče. I když děti nerozumějí tomu, co rodiče dělají, napodobují je, poněvadž chtějí být jako oni. Kluk například vidí, jak otec zatlouká hřebík kladívkem, a napodobuje ho s umělohmotným kladívkem. Touto činností postupně nabývá znalosti svého otce. Jestliže se budeme snažit napodobovat kvality přírody ve smyslu lásky a dávání, budeme v nich spatřovat vyšší stupeň, než na kterém se nacházíme, a budeme jej chtít také dosáhnout.

Péče o blahobyt ostatních lidí může pramenit ze dvou motivací:

1. Touha po uznání a ocenění společností.
2. Opravdové uznání nadřazenosti kvality lásky k ostatním a dávání nad kvalitou oceňování pouze sebe.

Napodobování přírody způsobem, jakým dítě imituje svého otce, aniž by zcela chápalo, co otec dělá, znamená starat se o blahobyt ostatních na popud prvního motivu, nikoli druhého. Takové napodobování je základem pro mechanismus rozvoje a růstu, bez něhož bychom nemohli existovat.

Nejprve se o ostatní budeme starat prostě proto, aby se nám dostalo potěšení ze společenského uznání. Postupně však začneme cítit, že takový altruistický postoj vůči ostatním je úžasná a mimořádná věc sama o sobě, bez ohledu na společenské hodnocení, které zajišťuje. Zjistíme, že altruismus je zdrojem dokonalého, nespoutaného potěšení, neboť skutečně začneme cítit samotnou sílu přírody, neomezenou, nespoutanou, dokonalou sílu.

Jinými slovy prostřednictvím snahy napodobovat sílu přírody začneme vnímat, že celistvost existuje již v rámci samotné kvality přírody. Tento pocit v nás vyvolá vnitřní změnu; pomalu si uvědomíme, že atributy lásky a dávání jsou úžasné, ba ušlechtilejší než náš vrozený atribut vnímání sebe sama, a budeme je chtít.

Takto postoupíme z úrovně, na níž jsme byli stvořeni, do vyšší, na úroveň samotné síly přírody. Integrujeme se do její harmonie a dokonalosti. Tam vede lidstvo evoluční zákon přírody.

Nový směr

V okamžiku, kdy člověk začne vyhledávat rovnováhu se silou přírody, sníží se tlak na to, aby se změnil. To mu zase zredukuje negativní jevy v životě. Na tomto schématu se z pohledu přírody nic nemění; to konkrétní jedinec podstupuje změnu, která v něm následně vyvolává pocit, že se změnil dopad síly přírody na něj.

Jsme totiž stvořeni tak, že se domníváme, že se mění věci kolem nás, nikoli my. Tak realitu vnímají lidské smysly a lidská mysl. Ve skutečnosti je však síla přírody konstantní a neměnná. Jsme-li s ní totožní, cítíme celistvost. Zaujímáme-li postoj zcela opačný, cítíme, že její síla vystupuje zcela proti nám. Mezi uvedenými dvěma extrémy lze vysledovat přechodné fáze.

V dnešní době rozpory mezi námi a altruistickou silou přírody stoprocentně v opozici nejsou, neboť naše ego zatím nedosáhlo maximální úrovně rozvoje. To znamená, že hladina negativních jevů, jež zakoušíme, není potenciálně nejhorší. To je mimochodem také příčina toho, že někteří z nás dosud necítí obecnou krizi, jíž svět čelí.

Ovšem naše ego denně narůstá a rozpory mezi námi a přírodou budou zintenzivňovat. Jestliže se chceme ušetřit zážitku z utrpení, které nastane, měli bychom začít přistupovat k osvojování atributu altruismu, a tak směr evoluce vychýlit. A měli bychom začít brzy.

Jakmile se do toho pustíme, okamžitě pocítíme příznivou odezvu, a to na všech úrovních existence. Předpokládejme například, že jistý muž má syna, jenž se chová velmi špatně. Otec se synem promluví a pokusí se ho přesvědčit, aby své chování změnil. Nakonec se dohodnou, že od dané chvíle začnou s nepopsaným listem a chlapec se polepší. Pokud se mu podaří další den chování zlepšit, i kdyby jen o trochu, postoj jeho otce k němu se v tu ránu změní k lepšímu. Z toho vyplývá, že vše je měřeno a souzeno nikoli dle výsledku, nýbrž dle *směru*.

Jestliže se více lidí začne starat o upravení mezilidských vztahů a bude tento postoj považovat za nejdůležitější věc – protože na něm vlastně závisí jejich život, společná starost se stane veřejným názorem, který ovlivní všechny členy společnosti.

Vzhledem ke vzájemné vnitřní propojenosti každý na celém světě, dokonce i v nejopuštěnějších místech, okamžitě pocítí, že je svázán se všemi ostatními lidmi a je na nich závislý. Lidé začnou přemýšlet o vzájemné závislosti mezi sebou a zbytkem lidstva.

Důkaz, že změny v jednom prvku ovlivňují ostatní prvky, poskytují různé vědy, především kvantová fyzika.

Profesor Ervin Laszlo popisuje v knize *Bod chaosu: Svět na křižovatce* pokusy, jež jsou v dnešní kvantové fyzice běžné. Ukazují, že částice skutečně vědí, co se děje s ostatními částicemi, jako by informace o jejich změnách okamžitě přetnuly každou vzdálenost.

Fyzika dnes uznává, že i když jsou částice od sebe odděleny prostorem a časem, existuje mezi nimi konstantní reciproční spojení. Tento jev náleží všem strukturám ve vesmíru, od nejmenších po největší.

Dnešní věda tedy objevuje, že vše spočívá v genech a vlivu prostředí; pomáhá nám procitnout z iluze, že já určuji a řídím a já zkoumám a rozhoduji.

Tím se otevírá reálná příležitost objevit opravdovou svobodu.

Můžeme se vymanit z otroctví svého ega a osvojit si altruismus tím, že si vytvoříme prostředí, které nám pomůže imitovat přírodu tak, jako se děti učí od dospělých.

Největší badatelé vždy věděli, že až zmoudříme, objevíme kouzelnou moudrost skrytou v přírodě. Díky zkombinování všech svých objevů pochopíme, že nejsme nic jiného než odnož nevyzpytatelné moudrosti, jež existuje, a která se nám otevírá, když jsme dostatečně zralí a připravení ji vstřebat.

Slovy Alberta Einsteina (citovanými v jeho nekrologu v *New York Times* 19. dubna 1955): „Moje náboženství sestává z poníženého obdivu k bezmeznému nadřazenému duchu, jenž se projevuje v drobných detailech, které jsme schopni vnímat svou křehkou a slabou myslí. Toto hluboce emocionální přesvědčení o přítomnosti nadřazené myslící síly, jež se projevuje v nepochopitelném vesmíru, formuje mou představu o Bohu."

8 Vše je připraveno (pro smysl života)

Evoluce generací

Dnešní společnost je egoistická. Má však k dispozici také dostatek prostředků, které jí mohou dopomoci stát se společností altruistickou. Evoluce lidstva vlastně po generace probíhala tak, aby je připravila na uvědomění si smyslu života, a to v této generaci.

Baal Hasulam v článku *Mír* popisuje evoluci generací takto: „…na rozdíl od nových těl v našem světě neexistují žádné nové duše, nýbrž pouze určité množství duší, které se inkarnují na kole transformace formy, protože se pokaždé oblékají do nového těla a nové generace.

Z pohledu duší jsou proto celé generace od počátku stvoření po konec úpravy jako jediná generace, jež si život protáhla na několik tisíc let, až se vyvinula a upravila tak, jak je to třeba."

Z generace na generaci duše shromažďují data, která nás konečně přivádějí do aktuální úrovně evoluce. Na konci dlouhého vývoje by měl řečový (lidský) stupeň stoupnout do nové úrovně, již budeme nazývat *upravená řeč*.

Abychom pochopili dopad evoluce předcházejících generací, můžeme porovnat svá vnitřní data s jednotkami informací. Ty se nacházejí v každém předmětu, jenž existuje ve skutečnosti, a obsahují data o veškeré hmotě.

Ve skutečnosti žijeme v prostoru, který o každém jednom prvku skýtá ohromné množství informací. Jedná se o informační pole nazvané *myšlenka přírody* a my existujeme v něm. Jakákoli změna u některého elementu, kam patří snahy zachovat aktuální stav, přechod ze stavu do stavu, síly působící na něj, síly, jimiž on působí na jiné prvky, vnitřní změny, vnější změny, představuje změnu v informačním poli.

V každé generaci se najdou lidé, kteří hledají vzorec pro vyrovnanou existenci a dobrý život, vzorec, jímž je příroda nevybavila. Tato pátrání jsou vedena v jejich interních datových jednotkách jako dodatečné záznamy, díky nimž se zmíněné jednotky postupně zlepšují.

Veškeré chápání a znalosti, které získáme v jedné generaci tím, že se snažíme o lepší život a o to, abychom se dostali do rovnováhy s prostředím, se stávají dodatečnými přirozenými sklony v další generaci. A tak je každá generace lépe vyvinutá než ta předchozí.

Je uznávaným faktem, že s novotami se vždy lépe vyrovnávají děti než jejich rodiče, kteří vlastně ony inovace vynalezli. Dnešní batolata například přistupují k věcem jako mobilní telefon a počítač velmi přirozeně, a k tomu, aby se je naučili ovládat lépe než rodiče, potřebují méně času.

Lidstvo tak z generace na generaci kupí znalosti a moudrost a jeho vývoj významně připomíná jedince, jenž nashromáždil tisíce let zkušeností. V rukopisu uveřejněném v knize *Poslední generace* Baal Hasulam o tomto procesu píše:

„Názor jedince je jako zrcadlo, kde jsou vidět všechny obrázky a prospěšné i škodlivé akce. Člověk všechny ty pokusy prozkoumává, vybírá ty, které mu byly ku prospěchu, a zamítá činy, jež ho poškodily (to se nazývá *mozek paměti*). Obchodník například sleduje (v mozku paměti) všechny obchody, které se mu nezdařily, a také důvody proč; a podobně nakládá se všemi obchody a důvody, jež mu přinesly zisk. Jsou v jeho mysli poskládány jako zrcadlo pokusů, z nichž si dotyčný posléze vybírá prospěšné a zamítá škodlivé, dokud se nestane dobrým a úspěšným obchodníkem.

U každého člověka je to s jeho zážitky v životě podobné. Stejně tak i veřejnost disponuje společnou myslí, mozkem paměti a společnými obrázky, kde jsou zaznamenány všechny akce, které provádíme s ohledem na veřejnost a celek."

Evoluce informačních jednotek v našem nitru nás přivedla k úvodnímu stupni uvědomění toho, jak jsme ve srovnání se silou přírody oproti ní opační: a tak pomalu projevujeme ochotu naslouchat vysvětlením, proč jsme byli takto stvořeni. Navíc začínáme být schopni chápat cíl, jehož musíme dosáhnout.

Vnitřní prázdnota a průrva, která se v mnoha z nás otevřela v souvislosti se životem, jejž známe, nejsou náhodné. Představují následek stvoření nové touhy – aby lidstvo povstalo k vyššímu stupni existence, k upravené řeči. V této evoluční fázi totiž můžeme vědomě přistoupit k realizaci smyslu života.

Postoj společnosti k altruismu

Formování altruistické společnosti bude veřejnost výrazně podporovat, neboť si o sobě všichni rádi myslíme, že jsme dobří lidé, kteří sdílejí neštěstí ostatních lidí a jsou jim nápomocní. Tak jsme stvořeni. Teoreticky neexistuje nic, co by nás zastavilo, abychom prohlásili, že jsme egoisté a nechceme brát na nikoho ohled. Jenže na svůj egoismus není nikdo z nás pyšný.

Společnost přirozeně oceňuje ty, kdo jí nějak přispívají. Každý se tudíž snaží, aby tak byl vnímán. Každá osoba, společnost, veřejná osobnost či vláda se chce prezentovat altruisticky. Navíc žádný jedinec nebude ostatní nabádat, aby se chovali egoisticky, protože by to bylo také pro ně osobně nevýhodné. Z toho důvodu se dokonce i největší egoisté prezentují jako altruisté, nejen aby získali ocenění společnosti, ale aby na oplátku něco vytěžili z altruismu ostatních.

Přestože je pravda, že na lidi, kteří se za egoisty prohlašují, můžeme narazit jen velmi vzácně, ani oni nemíní tvrdit, že jsou pyšní na to, jak společnost poškozují. Říkají spíše „Podívejte se na mě, jsem zvláštní." Tímto prohlášením se pouze snaží získat pozornost společnosti.

Proti expanzi altruismu na světě tedy nikdo otevřeně neprotestuje. Někteří lidé budou altruismus podporovat aktivněji a jiní pasivněji, avšak nikdo mu nebude schopen oponovat. Hluboko uvnitř všichni cítíme, že egoismus vše zabíjí, zatímco altruismus je pozitivní prvek, jenž dodává vitalitu a živost. Proto své děti učíme, aby se k ostatním chovaly ohleduplně, i když sami jsme egoisti.

Nová generace sebevědomých, šťastných dětí

Každý z nás chce svým dětem do života poskytnout ty nejlepší nástroje. Proto je intuitivně vychováváme jako altruisty. Vzdělávání mladší generace bylo vlastně vždy založeno na altruistických hodnotách.

Své děti vychováváme tak, aby byly na ostatní laskavé, jelikož podvědomě tušíme, že přistupuje-li člověk k ostatním nelaskavě, nakonec to zraní jeho samého. Chceme dětem dát bezpečí a cítíme, že uspět můžeme jedině prostřednictvím altruistického vzdělávání.

Sebevědomí člověka tedy nezáleží na jedinci, nýbrž na prostředí, v němž se pohybuje. Vzhledem k tomu, že prostředí odráží náš postoj k němu, veškeré újmy přicházejí od něj. Prosazováním altruistických hodnot však zvyšujeme šanci, že nám společnost neublíží.

Každá společnost, v každé zemi, v celé historii, vždy chtěla předávat altruistické hodnoty svým dětem. Jen velmi mocný jedinec, jako tyran, jehož armáda je připravena vynutit si jeho vůli, si může dovolit učit potomstvo, aby bylo nelítostné, bezohledné a nemilosrdné. Jenže potomci takových mocipánů budou potřebovat velkou ochranu, aby přežili. Budou se muset mít na pozoru před každým jiným a chránit se silou zbraní. Dobrý postoj vůči ostatním navozuje pocit bezpečí, klidu a pohody, což je nejlepší. Kvůli tomu se děti snažíme vychovávat s těmito hodnotami.

Avšak, a to je důležité, v okamžiku, kdy nás děti uvidí, jak se sami takto k ostatním nechováme, začnou být egoističtí jako my.

Řádné vzdělávání je založeno na dobrých příkladech. Jdeme dětem příkladem a chováme se altruisticky? Odpověď bude pravděpodobně negativní, přestože je od malička vedeme k tomu, aby se tak chovaly.

Dítě, které vidí, že jeho rodiče nekonají, nýbrž jen mluví, vycítí prázdnotu a faleš jejich slov. Pak už mu bude zbytečné ukazovat příznivější způsob chování, byť by se rodiče snažili sebevíc.

Krize, v nichž se dnes potácíme, a naše nebezpečná budoucnost nás vyzývají ke změně. Dosud jsme děti učili, co mají jak dělat, nicméně sami jsme vlastním radám nenaslouchali. Nyní však nemáme na výběr a musíme korigovat vlastní egoistický postoj k ostatním.

Čím více lidí se začne chovat altruisticky, tím více změn dozná realita, do níž se narodí naše děti, a ony snadno pochopí to, co pro nás bylo náročné. Uvědomí si, že všichni jsme součástí jediného systému, a že tím pádem by naše vztahy měly být altruistické. Nic není lepší než to, co můžeme udělat pro své děti a pro sebe.

Egoisté a altruisté

Někteří jedinci mají přirozenou tendenci pomáhat ostatním. To je další průprava, jíž lidstvo za účelem úpravy disponuje. Schopnost empatie nám obvykle umožňuje, abychom z kontaktu s jinými lidmi vytěžili větší potěšení.

Někteří jedinci však ostatní vnímají jinak. Skutečně cítí jejich bolest, jako by se jednalo o jejich vlastní. Proto jsou nuceni snažit se druhým pomáhat, a zároveň tak ulevovat vlastní bolesti. Jde o takzvané *egoistické altruisty*. Kvůli krátkosti je budeme označovat za altruisty, ačkoli ve skutečnosti jsou stejně egocentričtí jako kamarádi egoisté, kteří cizí bolest necítí. Egoisté bolestí jiných lidí netrpí; a proto je také mohou zneužívat, jak se jim zachce. Altruisté jí však trpí; takže si dávají pozor dokonce i na to, aby z úst nevypustili slova, jež by mohla ublížit. Oba typy získávají tyto tendence od přírody. Proto rozdíly mezi nimi neukazují dobré a špatné lidi, nýbrž jsou zkrátka důkazem poslušnosti člověka vůči příkazům přírody.

Profesor Abstein ve výzkumu behaviorální genetiky zjistil, že lze změnit jistou genovou sekvenci, a tak ovlivnit schopnosti člověka být dobrý k druhým. Vědci předpokládají, že za altruistické chování existuje odměna v podobě chemické látky dopaminu, která se uvolňuje v mozku dobrodince a podněcuje příjemné pocity.

K uvedenému typu egoistických altruistů se řadí přibližně 10 procent světové populace. To vysvětluje Baal Hasulam v díle *Poslední generace*, jež zahrnuje jeho sociální doktrínu a popisuje podobu upravené budoucí společnosti. Lidstvo bylo vždy rozděleno na 90 procent egoistů a 10 procent altruistů.

Altruisté se starají o blahobyt společnosti, vzájemnou pomoc na různých polích, blahobyt slabých a tak dále. V podstatě se starají o případy a situace, o něž se nestará společnost, ať už kvůli nedostatku pozornosti, nebo kvůli nedostatku empatie k těžkostem ostatních.

Altruistické organizace utrácejí jmění a věnují ohromné úsilí mnoha směry; jejich pomoc bohužel většinou potřebným nepřináší dostatečnou změnu jejich situace.

Afrika je toho příkladem. Afričané si v minulosti, před tím, než Západ zasáhl do jejich životů, vystačili. Dnes však hladoví, a to navzdory potravinám a vodě, jež dostávají. Ohromné částky peněz vybrané na jejich podporu jejich situaci nezmění; neustále bojují o přežití a rychle chřadnou.

Není téměř nic, co by altruistické organizace nezkusily, aby situaci ve světě změnily. Ta se přesto zhoršuje. Je sice možné pokračovat i nadále jako dosud, nicméně by bylo moudré dát si krátkou pauzu a sami sebe se zeptat, proč se nám situace lidstva nedaří upravit.

Odpověď směřuje k tomuto vysvětlení: veškeré problémy světa, osobní i společenské, pramení z nerovnováhy člověka s přírodou. Proto také může mít pomoc na materiální úrovni krátkodobý přínos, nicméně z dlouhodobého hlediska se vytrácí, jelikož taková berlička lidstvu nepomůže přiblížit se k rovnováze, a tak nevyřeší podstatu problému.

Lidé by samozřejmě měli být nakrmeni, jestliže hladoví. Ovšem poté, co je postavíme na nohy a poskytneme jim potřebné věci, musíme zároveň obrátit jejich pozornost na uvědomění si skutečného cíle v životě.

Chceme-li vyvolat pozitivní změnu ve světě i v sobě, musíme přehodnotit definici *altruistického činu* a upřesnit ji. Činy by měly být měřeny dle celkového přínosu, který mají na opravdovou, zásadní změnu lidstva a na vykořenění lidského utrpení u jeho zdroje.

Situaci lze přirovnat k osobě s vážnou nemocí, jež užívá uklidňující léky namísto toho, aby se prala se samotnou nemocí. Mezitím se choroba zhoršuje a dotyčného nakonec přemůže. Jednání, které se nepotýká se zdrojem všech našich problémů, nestačí a pouze odkládá propuknutí nemoci v mnohem vážnější formě.

Činy jsou považovány za altruistické jedině v případě, že mají uvést člověka do rovnováhy se základním zákonem přírody neboli s altruismem, a pokud zvyšují naše uvědomění faktu, že jsme všichni součástí jediného systému, jediného těla, jež pojímá všechny lidi, ať se nacházejí kdekoli, bez ohledu na rasu či národnost. Nejedná se o instinktivní činy charity – pomoci lidem trpícím těmi či oněmi potížemi, ale o činy vykonané s vědomím urgentní potřeby dovést celé lidstvo, jeho slabé i silné články, do rovnováhy s přírodou.

Altruistická dobrá vůle a energie by tedy měly být namířeny především na zvyšování povědomí lidstva o tom, proč nás obtěžují aktuální problémy a jak je můžeme řešit. Tak bude moudře využita pomoc, již nám příroda poskytla ve formě deseti procent altruistů ve společnosti, a jejich velký potenciál se zrealizuje.

Rozdělení na devadesát egoistických a deset altruistických procent platí nejen u lidstva jako celku, nýbrž i pro každou osobu. Jeden ze základních zákonů reality zní: obecné a částečné jsou si rovné. To znamená, že cokoli platí pro celek, platí i pro každou z jeho součástí.

Vesmír je holografický, jak ukazuje v knize *Holografický vesmír*, sbírce vědeckých objevů na tomto poli, Michael Talbot. Baal Hasulam popisuje tentýž zákon vlastními slovy v článku *Tajemství početí a zrození*:

„Obecné a částečné jsou si navzájem rovné jako dvě kapky vody, jak v externalitě světa, tedy v obecném stavu planety, i v jeho internalitě. To proto, že celý systém slunce a planet obíhajících kolem něj nacházíme dokonce i v nejmenší molekule vody, jakož i ve velkém světě."

Tento zákon ukazuje, že každá osoba, egoistická či altruistická, sestává z deseti procent altruistických sil a devadesáti procent sil egoistických, což je i rozdělení v celém lidstvu. Rozdíl mezi lidmi spočívá ve vnitřním, individuálním stavu těchto sil.

U altruisty je (egoistická) síla dávání aktivní, kdežto u egoisty zůstává neaktivní. Přesto však u každé osoby prvek dávání existuje. Takže neexistuje jediná lidská bytost, která by postrádala schopnost dosáhnout rovnováhy s altruistickou silou přírody. Nakonec právě kvůli tomu nám byly tyto síly dány, abychom se měli od čeho odrazit.

9 Realita celistvosti a nekonečnosti

Člověk je tam, kde myslí.

Baal Šem Tov

Vnímání reality

Člověk, který si začne připouštět vše, co zde bylo dosud popsáno, který přemítá o tom, že je součástí jediného systému, jenž zahrnuje všechny lidi, který předává tyto znalosti ostatním a buduje podpůrné prostředí, ten si postupně vypěstuje mocnou, opravdovou touhu osvojit si altruismus. Cesta k úplné touze po altruismu je dobrodružná a život těch, kdo si ji vyberou, naplňuje hlubokým významem a nesrovnatelným uspokojením. Jakmile člověka ovládne úplná touha po altruismu, objeví dotyčný zcela novou realitu. Než popíšeme ji i to, co cítí jedinec, jenž ji zakusí, musíme pochopit, co ona realita je a jak ji vnímáme.

Tyto otázky mohou zaznít zbytečně, protože se zdá, že co je realita, ví každý. Realita je to, co vidím, stěny kolem mě, domy, lidé, vesmír; realita je to, čeho se dotýkáme a co cítíme, co slyšíme, chutnáme a čicháme. To je realita – nebo není?

Ve skutečnosti je realita mnohem víc než to, co vnímají oči, uši a nos. Tomuto tématu věnovaly v průběhu historie veškerou svou energii největší myslitelé. Ke vnímání reality prošel časem několika transformacemi i postoj vědy.

Klasický přístup, jehož hlavním zastáncem byl Sir Isaac Newton, říká, že svět existuje nezávisle, bez ohledu na člověka. Nehraje roli, zda daná osoba svět vnímá, či ne nebo zda žije na světě, či ne. Svět existuje a jeho tvar je stálý.

Časem umožnily vědy zabývající se evolucí života prozkoumávat obraz světa prostřednictvím smyslů jiných tvorů než člověka. Vědci zjistili, že jiné bytosti vnímají svět jinak. Obraz světa včely je například sumou všech zrakových vjemů obdržených v každé z myriády jednotek, z nichž sestávají její oči. Pes například vnímá svět především jako pachové stopy.

Albert Einstein navíc objevil, že měnící se rychlost pozorovatele (či pozorovaného objektu) má za následek zcela odlišné vidění reality na osách času/prostoru. Předpokládejme například, že prostorem se pohybuje tyčka. Podle Newtona bude mít v očích pozorovatele tutéž délku bez ohledu na rychlost. Podle Einsteina to však bude vypadat, že se s rostoucí rychlostí zmenšuje.

Na základě těchto dvou poznatků vznikl pokrokovější přístup, který tvrdí, že obraz světa závisí na pozorovateli. Pozorovatelé s různými vlastnostmi a smysly vnímali svět různě. Podobně vnímali jiný obraz pozorovatelé v různém stavu pohybu.

Revoluci ve světě vědy způsobila ve třicátých letech minulého století kvantová fyzika. Tvrdila, že pozorovatel ovlivňuje pozorovanou událost. Proto může výzkumník položit jen jedinou otázku: „Co skutečně ukazují metry?" Je zbytečné snažit se zkoumat objektivní proces, jenž se stal, nebo usilovat o zjištění, jaká je objektivní realita.

Objevy v kvantové fyzice spolu s objevy v dalších oborech výzkumu se zkombinovaly a vytvořily současný vědecký přístup k tomu, jak vnímáme realitu: pozorovatel ovlivňuje svět, a tak ovlivňuje obraz, který vnímá. Jinými slovy je obraz světa kombinací atributů pozorovatele a atributů pozorovaného objektu.

Život je uvnitř

Fakt, že byla aktuálně odhalena moudrost kabaly, nás posunuje o krok kupředu. Již před tisíci lety totiž kabalisté zjistili, že nic takového jako obraz světa ve skutečnosti neexistuje. Svět je jev, jejž každá osoba prožívá ve svém nitru a který odráží podobnost mezi jejími vlastnostmi a vlastnostmi vnější abstraktní síly, tj. síly přírody.

Již jsme si řekli, že síla přírody je ryze altruistická. Do jaké míry se atributy člověka a síly přírody podobají či rozcházejí, se projevuje jako *obraz světa*. Z toho vyplývá, že obraz okolní reality zcela záleží na našich vnitřních kvalitách, jež dokážeme zcela změnit.

Ke snadnějšímu pochopení procesu vnímání reality můžeme člověka přirovnat k zavřené krabici s pěti čidly: s očima, ušima, nosem, ústy a rukama, jež představují pět smyslů: zrak, sluch, čich, chuť a hmat. Obraz reality, která nás obklopuje, se utváří uvnitř této krabice.

Podívejme se na mechanismus slyšení jako na ukázku toho, jak naše smysly fungují. Zvukové vlny, jež dorazí k ušnímu bubínku, vytvářejí na jeho povrchu vibrace, jež potom pohnou kůstkami v uchu. Následně jsou do mozku vyslány elektrické signály a tam jsou „přeloženy" do zvuků a hlasů. Veškerá naše měření se odehrávají z ušního bubínku směrem dovnitř a všechny naše smysly fungují podobně.

Doopravdy tedy neměříme, co se nachází mimo nás, nýbrž odezvu, která se vytvoří v nás. Rozsah zvuků, jež přijmeme, pohledů, které uvidíme, nebo třeba pachů závisí na citlivosti našich smyslů. Jsme zavřeni uvnitř naší krabice, a tak nikdy nevíme, co se mimo nás skutečně děje.

Signály ze všech našich smyslů se shrnují a přesunují do řídicího centra v mozku, kde se přijaté informace porovnávají s údaji uloženými v naší paměti, kde jsou shromážděny dřívější dojmy. Informace se pak promítají na obrazovku v mozku a zobrazují svět, který jako bychom okupovali. Tak cítíme, kde jsme a co musíme udělat (viz obrázek níže).

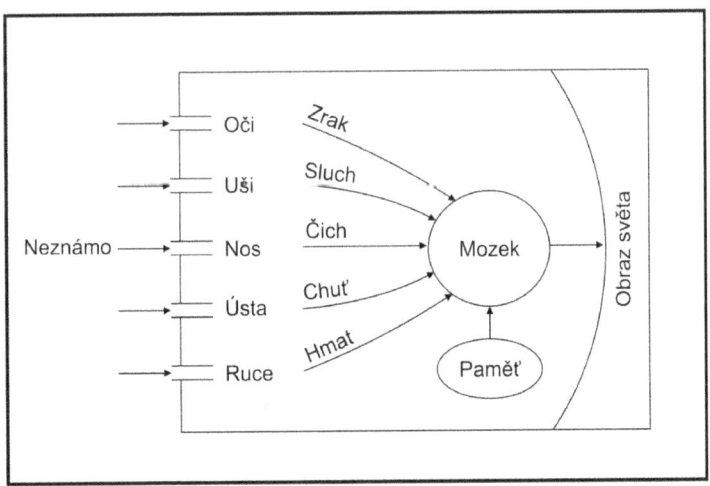

V tomto procesu se věci neznámé, jež nás obklopují, stávají něčím zdánlivě známým, čímž se vytváří vnitřní obraz toho, co vypadá jako vnější realita. Ve skutečnosti to však není obraz vnější reality. Je to jen vnitřní obraz.

To všechno už věda dlouho ví a Baal Hasulam to popisuje v *Předmluvě ke Knize Zohar* těmito slovy: „Vezměte si například zrak: koukáme na celý velký svět před sebou a na veškerou jeho báječnou náplň. Ovšem ve skutečnosti to všechno nevidíme jinak než ve vlastním nitru. Jinými slovy v našem zadním mozku existuje jistý druh fotografického stroje, který zachycuje vše, co se nám zdá. Ale nic mimo nás!"

Píše, že máme v mozku jistý druh zrcadla, jež vše, co vidíme, že existuje, invertuje tak, jako by se to dělo mimo nás. Obraz reality pak představuje výsledek struktury našich smyslů a dříve existujících informací v našem mozku. Kdybychom měli jiné smysly, vytvářely by zcela jiný obraz. Je docela možné, že to, co nyní vnímáme jako světlé, by se mohlo jevit jako tmavé, nebo jako něco, co si v současnosti neumíme představit.

V tomto ohledu bychom měli poznamenat, že věda dlouho ví o možnosti stimulace lidského mozku elektrickými impulzy. V kombinaci s informacemi nashromážděnými v paměti následně vyvolávají pocit, že se nacházíme na určitém místě a v určité situaci. Navíc dnes umíme naše smysly nahradit umělými pomůckami, například elektronickými přístroji. Existuje například bezpočet sluchových pomůcek od zesilovačů, jež pomáhají nedoslýchavým, po elektrodové transplantáty u lidí zcela neslyšících.

Umělé oko se také dále vyvíjí a využívá elektrod zasazených do mozku pacienta. Toto „oko" mění audiální data na vizuální, tedy zvuky na obrazy. Další rozvoj v oblasti léčby zraku představuje droboučká kamera, která se implantuje do oka a nahrazuje světelné vlny, jež pronikají čočkou s elektrickými signály. Ty jsou pak přenášeny do mozku, kde jsou „přeloženy" do obrazu.

Evidentně je pouze otázkou času, kdy budeme mít nad těmito zdravotními problémy plnou kontrolu a budeme moci rozšířit rozsah našich smyslů, vytvářet umělé orgány, nebo dokonce vystavět celé tělo. Avšak dokonce i poté zůstane obraz světa vnitřním obrazem.

Ukazuje se, že vše, co cítíme, je pouze v našem nitru a nemá žádnou spojitost s realitou mimo nás. Navíc nemůžeme dokonce ani říci, zda realita kolem nás existuje, nebo ne, neboť náš obraz vnějšího světa je v našem nitru.

Plán přírody

Při studiu přírody shledáváme, že k zajištění tvorby a pokračování života se musí každá buňka organismu a každá část systému cele věnovat tomu, aby byla tělu či jinému systému, v němž se nachází, užitečná. Lidská společnost však v současnosti takto rozhodně nefunguje, což nastoluje otázku: „Jak můžeme vůbec existovat?" Egoistická buňka v organismu se stává rakovinnou a její hostitelské tělo umírá. My jsme egoistickými částmi jediného systému, a přesto jsme stále naživu!

Odpověď zní, že náš život nelze doopravdy považovat za žití.

Existence člověka se nepodobá žádnému jinému stupni v přírodě, jelikož je rozprostřena do dvou rovin. První je ta, v níž aktuálně existujeme. Připadáme si od ostatních odděleni, takže jsme vůči nim lhostejní a snažíme se je zneužívat k vlastnímu prospěchu. Druhá rovina je rovina upravené existence, kde lidé fungují jako součásti jediného systému, kde se pohybují ve stavu vzájemné lásky, sdílení, celistvosti a věčnosti.

Teprve existence na druhé rovině je definována jako život. Naše současné bytí odpovídá přechodnému období, jež by nás mělo dovést až do bodu, z nějž sami dosáhneme na upravený stav, na věčnost. Kabalisté, kteří se již na tuto rovinu dostali, tak naši aktuální existenci definují jako *imaginární život* nebo *imaginární realitu*. Ohlížejí-li se na nás, říkají: „Bývali jsme jako ti, kdož sní." (Žalmy, 126:1)

Skutečná realita před námi nejprve zůstává skrytá, neboť ji přirozeně neumíme vnímat. Hledíme totiž na svět podle svých tužeb, vnitřních kvalit. A tak aktuálně necítíme, že všichni lidé jsou propojeni v jednoho, protože takový obraz je pro nás navíc velmi nepříjemný. Naši vrozenou egoistickou touhu užívat si tento druh vztahu nezajímá; takže nám nedovolí vnímat skutečný obraz reality.

Existují prvky, jež nelze změřit a které nyní nevnímáme. Naše mysl slouží našim egoistickým touhám a podle nich řídí naše smysly. Proto nedokážeme postřehnout existenci něčeho, co není považováno za přínosné, či něčeho jiného, čeho je třeba se obávat (v kontextu egoistické touhy). Jestliže něco dokážeme vnímat, pak jen tehdy, je-li to pro nás dobré nebo špatné. Naše smysly jsou naprogramovány tímto způsobem a podle toho přenášejí obraz naší reality.

Chceme-li zmíněný obraz správně popsat, musíme realitu invertovat a pokusit se pochopit, jak je vnímána očima altruistické touhy. Představte si, že se začínáme „kalibrovat" tak, abychom dokázali cítit, co je dobré pro ostatní. V takovém rozpoložení budeme kolem sebe rozpoznávat věci, jež se budou zcela lišit od těch, kterých jsme si všímali dříve. Vše, co jsme viděli předtím, nám nyní bude připadat úplně jiné. Kabalisté popisují tento stav slovy „invertovaný svět, který jsem viděl" (Talmud Bavli, Pesachim, 50:71).

Jakmile si v nitru vytvoříme novou touhu být zdravou součástí lidstva, podobat se altruistické síle přírody, bude to znamenat začátek nového systému vnímání, odpojeného od našeho současného. Tento systém budeme nazývat *duše*. Jejím prostřednictvím vnímá člověk úplně nový obraz světa, obraz skutečného světa, kde jsou všichni propojeni jako součásti jediného těla a naplněni věčným potěšením a požehnáním.

Pojďme tedy nyní vypilovat a doplnit naši definici smyslu života, jejž jsme dříve definovali jako spojení mezi lidmi. Nyní chápeme, že smysl života spočívá v tom, abychom se vědomě a ochotně povznesli z roviny imaginární existence do skutečné roviny existence. Musíme se propracovat do stavu, ve kterém budeme sebe i realitu soudit nikoli podle toho, jak je vidíme, nýbrž podle toho, jaké opravdu jsou.

Jinými slovy naše současné pocity odrážejí jen imaginární stav tak, jak jej naměřily naše egoistické nástroje cítění. Pokud vynaložíme dostatek úsilí, pokročíme v procesu úpravy a vypěstujeme si v nitru úplnou touhu po altruismu, naše nástroje cítění se stanou altruistickými. Díky nim pak budeme svůj stav vnímat zřetelně odlišně.

Náš skutečný stav je věčný. Všichni jsme propojeni v jediném systému, v němž probíhá věčný tok energie a potěšení. Tento stav obnáší vzájemné dávání; potěšení je tedy nekonečné, dokonalé. Naopak náš současný stav je efemérní a omezený.

Náš aktuální smysl života pramení z drobné kapičky vitality, která plyne do naší duše z věčného stavu. Tato kapka představuje součást komplexní altruistické síly přírody, jež proniká do našich egoistických tužeb, existuje v nich a udržuje je navzdory tomu, jak se od nich liší.

Má za úkol udržet nás na první rovině existence, tělesné rovině, dokud nezačneme vnímat skutečnou realitu, tu duchovní. Náš aktuální, přechodný život je tedy něco jako dar, který nám byl na jistou dobu svěřen, abychom jej využili jako prostředku k dosažení reálného života. Tehdy už naším smyslem života nebude jen ona drobounká kapka, ale plná síla přírody, síla dávání a lásky, jež se poté stane naší životní silou.

Duchovní realita se nenachází nad námi ve fyzickém smyslu slova; spíše jde o rozlišení kvalitativní. Vystoupat z reality tělesné k duchovní znamená povznést touhu člověka ke kvalitě altruismu, k vlastnosti přírody ve smyslu lásky a dávání. Vnímat spiritualitu znamená cítit, jak jsme propojeni jako součásti jediného systému, a vnímat vyšší stupeň přírody. Smysl života navíc k tomu, že cítíme realitu tělesnou, je i to, že vystoupáme do duchovní reality a zažijeme ji, zatímco přebýváme ve fyzickém těle, ve fyzickém světě.

Plán přírody určil, že lidstvo bude stvořeno se schopností vnímat pouze první, imaginární rovinu, a tak se po tisíciletí vyvíjelo. Během té doby nashromáždilo pozorování a zkušenosti, které je přivedly k uvědomění si, že egoistická existence mu nepřináší štěstí a že se potřebuje přesunout na rovinu druhou, na *upravenou altruistickou existenci*. Celková krize v egoistické evoluci nás posunuje do přechodného bodu mezi oběma rovinami.

Musíme tedy svou dobu považovat za zvláštní bod v čase. Ocitli jsme se na bodu zlomu a pohybujeme se směrem k úplné, věčné existenci, již příroda předem stanovila jako vrchol lidské evoluce.

Zřejmě nastal čas vysvětlit, že potěšení, po kterých bažíme, se zásadně liší od radostí, jež naplňují ty, kdo si osvojili kvalitu přírody – altruismus. Nyní toužíme po potěšení z toho, že si připadáme jedineční, zvláštní, nadřazení. Egoistickou touhu lze naplnit jedině srovnáním s určitým nedostatkem, například s nějakým dřívějším, nebo srovnáním s jinými lidmi. Taková potěšení vyžadují neustálé a rychlé obnovování, neboť radost mizí ve chvíli, kdy je touha uspokojena, jak jsme si ukázali v kapitole dvě. Potěšení jsou tedy otázkou krátkodobou. S tím, jak ego sílí, navozuje situaci, kdy jeho majitel už cítí naplnění pouze z toho, že ničí ostatní lidi.

Altruistické potěšení má docela opačnou povahu. S druhými se neporovnává, spíše se v nich nachází.

Jistou podobnost lze shledat ve vztahu matky a dítěte. Jelikož matky své ratolesti milují a rády je sledují, jak si užívají toho, co jim dávají. Čím více se potomek baví, tím více si užívá i matka. Větší radost než z čehokoli jiného, co podniká, cítí přesně z těch úkonů, které dělá pro svého potomka.

Takové uspokojení je přirozeně možné pouze za podmínky, že ostatní milujeme, a jeho síla závisí na míře naší lásky k nim. Láska je ve skutečnosti ochota starat se o blahobyt ostatních, sloužit jim. Osoba, jež cítí, že jsme všichni jednotlivými součástmi téhož systému, chápe tuto službu jako svou roli, útěchu i odměnu. Mezi oběma zmíněnými druhy potěšení se tedy rozkládá celý svět rozdílů.

Osoba, která si kvalitu altruismu osvojila, má jiné srdce a jinou mysl. Její touhy a myšlenky se od našich liší natolik, že dokonce i realitu vnímá jinak než my.

Díky altruistickému postoji ji opouští pocit toho, že je jedinou buňkou, a tak se připojuje k společnému tělu, o něž se může opřít. Oživuje se pro ni náš jediný systém, až začíná cítit věčný život úplné přírody, tok energie a nekonečné potěšení, které kolektivní systém naplňuje.

Naše vnímání života sestává ze dvou prvků: z důvodu a emoce. Jestliže někdo cítí a chápe pocity a důvody věčné přírody, vstupuje do světa a žije v něm. Dotyčný pak přestává svůj život považovat za něco, co má skončit. Jednota s věčnou přírodou způsobuje prozření, že život bude pokračovat, i když v jeho biologickém těle již nebude.

Smrt fyzického těla znamená konec vnímání reality tělem. Pět smyslů přestává přenášet informace do mozku a ten přestane promítat tělesný obraz světa na své „plátno".

Systém duchovního vnímání reality však do roviny tělesného světa nepatří. Takže jakmile si jej člověk osvojí, existuje i po odchodu těla. Ti, kdo svou existenci v duchovním systému pocítili ještě před smrtí, zjišťují, že jim pocit přetrvává i po smrti fyzického těla. To je význam výrazu *žití v duši člověka*.

Rozdíl mezi tím, jak život vnímáme nyní, a tím, jak jej můžeme cítit, je ohromný. *Kniha Zohar* se jej pokouší popsat a porovnává jej s rozdílem mezi světlem malé svíčky a jasem nekonečného světla, či mezi zrnkem písku a celým světem. Osvojením duchovního života realizujeme jakožto lidé svůj potenciál. Jedná se totiž o něco, čeho bychom měli dosáhnout všichni, když už tu žijeme.

Prozření

Než tuto kapitolu ukončíme, zkusme si malé cvičeníčko. Představte si, že stojíte v úplně tmavé místnosti. Je tak tmavá, že nevidíte vůbec nic. Je naprosto tichá; není tu ani jeden zvuk, ani jeden pach, ani nic, čeho by se dalo dotknout. Je to prázdný, tmavý prostor. A vy tam zůstáváte tak dlouho, až zapomenete, že jste kdy vůbec nějaké smysly měli; dokonce zapomenete, že existují takové pocity.

Zničehonic se zvedne nějaký pach. Sílí a obklopuje vás, vy ho však nedokážete úplně trefit. Postupně se k první vůni přidávají nové, některé silné, jiné slabé, další sladké nebo třeba kyselé. Nyní čicháte mnoho pachů, uvědomujete si, že přicházejí z různých míst, a nacházíte se v prostoru, jenž nabízí směry vpravo, vlevo, nahoru a dolů.

Pak bez varování přijdou ze všech stran zvuky, všechny možné zvuky. Některé znějí jako hudba, jiná jako slova a další jsou normální hluk. S jejich pomocí dokážete najít cestu ve světě snáze. Můžete odhadnout vzdálenost nebo zdroj pachů a zvuků, jež vnímáte. Nyní máte k dispozici celý svět pachů a zvuků.

Po nějaké době objevíte nové pocity, když se vás něco dotkne. Chvíli poté ucítíte dotyk dalších věcí. Některé jsou chladné, jiné teplé, některé jsou suché a další vlhké, jedny tvrdé, druhé měkké a u některých se nemůžete rozhodnout. Až se některé z nich dotknou vašich úst, dostaví se zvláštní pocit: mají určitou chuť.

Nyní žijete ve světě naplněném zvuky, vůněmi, pocity a chutěmi. Můžete se dotýkat ostatních předmětů a učit se o svém okolí. Dokud jste tyto smysly neměli, ani jste si nemohli představit, že celou tu dobu existuje tak bohatý svět.

To je svět lidí, kteří se narodili slepí. Kdybyste byli na jejich místě, cítili byste, že potřebujete taky zrak? Věděli byste vůbec, že ho nemáte? Vůbec ne.

V jistém smyslu lze říci, že z podobného důvodu nevnímáme duchovní svět – poněvadž nemáme duši. Žijeme své životy, aniž bychom vůbec věděli, že existuje nějaká duchovní dimenze, již necítíme. Nechybí nám. Současný svět nám docela stačí. Den po dni, rok po roce a generaci po generaci se rodíme, žijeme, užíváme si, trpíme a nakonec umíráme. A přitom si vůbec nejsme vědomi toho, že někde vně existuje celá nová dimenze, dimenze duchovního života.

Ani nadále bychom si to neuvědomovali, nebýt prázdnoty, nedostatku smyslu a apatie, které u nás začaly vyplouvat na povrch. Už se nespokojíme s realizováním svých tužeb, protože nám stále chybí něco jiného. Život, jak ho známe, se vším, co nabízí, začíná být postupně poněkud neuspokojivým. Je to vlastně celkem depresivní, a tak se rozhodujeme, že tyto pocity potlačíme. Co můžeme nakonec dělat? Každý takto žije.

Uvedené pocity pramení z probuzení nové touhy – touhy užívat si něčeho vyššího, skvělého, nade vše, co nás obklopuje, ze zdroje nám neznámého. Pokud budeme opravdu chtít realizovat touhu, jež v nás nyní procitá, zjistíme, že je to touha po něčem, co přesahuje hranice našeho světa.

Oživení zmíněné touhy u mnoha z nás, jakož i narůstající pocit prázdnoty, který ji doprovází, ve skutečnosti představují přirozené kroky předem dané v plánu přírody. Ona touha v nás budí pocit, že existuje něco víc, než co známe, a my pukáme zvědavostí, abychom to našli. Jestliže touhu necháme, aby nás vedla, a budeme naslouchat hlasu v našem srdci, procitneme do opravdové reality.

10 Rovnováha s přírodou

Následující kapitola se týká tématu, jež poněkud přesahuje tematický rámec knihy, nicméně nám může pomoci objasnit mnoho otázek, o kterých pojednává tato část knihy.

V současnosti se jednotlivci i společnost ocitají v potížích, a tak se šíří nový trend – návrat k přírodě. Někteří jej považují za cestu ke změně a doufají, že jim zlepší život. Musíme se však ptát: „Existuje nějaké spojení mezi rovnováhou s přírodou a návratem k přírodě?" Jinými slovy pomůže nám návrat k přírodě dosáhnout rovnováhy s ní? Na nadnesené otázky a podobná témata se zaměří tato kapitola.

Idea návratu k přírodě znamená žít s ní v harmonii, víceméně ve smyslu našich otců a praotců. Ti, kdo jej podporují, usilují o čistší vzduch, produkci organických potravin a návrat k životu na venkově. Tento fenomén oplývá mnoha aspekty, nicméně všechny se soustřeďují na myšlenku, že přiblíží-li se lidstvo opět k přírodě, budeme vyrovnanější a celkově se budeme cítit lépe.

Kdybychom studovali život starodávných kmenů, zjistili bychom, že čím blíže byli přírodě a svým kořenům, tím snáze vnímali sílu přírody – lásku. V tomto ohledu bych rád zmínil rozhovor s primátoložkou a antropoložkou Jane Goodallovou, která věnovala svůj život studiu šimpanzů, mezi nimiž roky žila. Za svůj výzkum získala mnoho ocenění včetně Ceny Encyklopedie Britannica za excelenci, Hubbardovu medaili Národní geografické společnosti za vynikající práci na poli bádání, objevování a výzkumu a Cenu Alberta Schweitzera.

Když jsem se jí ptal, který objev na ni nejvíce zapůsobil, odpověděla, že po dlouhých letech strávených v divočině dokázala vnímat v přírodě vlastní sílu lásky. Řekla, že začala cítit a slyšet přírodu a cítila lásku, že nebyla žádná „zlá" síla, jen myšlenky lásky. Za dlouhé roky v džungli a sžívání se s primáty začala Goodallová chápat jejich emoce. Zjistila, že primáti přírodě rozumějí a prožívají lásku, jíž oplývá.

Takový zážitek je bezpochyby vzrušující. Nejedná se však o ten druh rovnováhy, o kterém hovoří tato kniha. Nejúžasnější pocit, jejž může návrat k přírodě zaručit současnému člověku, je dočasný a neúplný pocit síly přírody v podobě lásky. Přitom se jedná o pouhý zlomek toho, co cítí každý živočich. Příroda však pro člověka vymyslela mnohem vyšší stupeň evoluce.

Příroda měla dobrý důvod k tomu, aby nás vyhnala z jeskyní a lesů a přinutila nás rozvinout lidskou společnost se všemi složitými systémy. Právě v ní musíme, navzdory odcizení a netoleranci, mezi sebou a ostatními lidmi nastolit rovnováhu. Musíme vlastní ega použít jako páky k tomu, abychom náš stav povýšili. Návrat k přírodě může být sice fascinujícím zážitkem, ovšem nepomůže nám při řešení problému, kterým trpíme – nerovnováhou na lidské úrovni.

Návrat k přírodě bývá často spojován s dalšími tradičními učeními, jako jsou jóga, tchaj-ťi a řada meditativních technik, jež člověku dodávají pocit klidu, míru a celosti. Nicméně vzhledem k tomu, že spoléhají na potlačení ega nebo na jeho rozmělnění, nedokáží nás přiblížit k tomu, abychom si uvědomili cíl přírody.

Proto lidské ego snižují ze stupně řečového na nižší stupně v člověku nazývané živočišný, rostlinný a neživý.

A tak nás vlastně tyto metody spíše stahují zpět, jelikož působí proti směru, kterým nás vede příroda: pozvednutí do vyššího stupně, než je náš aktuální stav, na stupeň upravené řeči.

Příroda nás nenechá, abychom svá ega ututlali. Zřetelný příklad lze spatřit v zemích typu Číny a Indie, jež si až donedávna zachovávaly nízkou hladinu egoismu, zato v současnosti zažívají přímo jeho explozi. V posledních letech se přidaly k honbě za bohatstvím a mocí, až rekordní rychlostí překlenuly propast mnoha generací. Egoismus, který nyní zaplavuje svět, je egoismem řečového stupně. Hodláme-li se s ním vyrovnat, musíme přijít na úplně jinou metodu, jejíž tendence bude směřovat opačným směrem než ke snižování ega.

Moudrost kabaly jako jediná metoda využívá plné síly ega a zároveň upravuje jeho využití. Objevuje se nyní, aby pomohla celému lidstvu uvědomit si cíl přírody a postoupit jako jeden celek na novou úroveň existence.

Rovnováha na řečové úrovni

Kvůli vysvětlení budeme rovnováhu, která spoléhá na potlačení ega z aktuálního řečového stupně na stupeň živočišný, rostlinný či neživý, označovat jako *rovnováhou na stupni živočišném*. Rozdíl mezi rovnováhou na stupni živočišném a rovnováhou na stupni řečovém spočívá v tom, do jaké míry vnímáme sílu přírody – lásku.

Jestliže míníme dosáhnout rovnováhy s přírodou na řečovém stupni, abychom se nad sebou důkladně zamysleli a zjistili, kam to nás i celé lidstvo táhne, v jakém evolučním procesu se nacházíme, jaký je jeho začátek a konečný smysl. Bez takového sebepřezkoumání, během něhož můžeme zakusit každou fázi této evoluce, nelze myšlenku přírody obsáhnout.

Uvedená revize nás na řečové úrovni uvede do rovnováhy s přírodou. Neboli nás pozvedne na stupeň upravené řeči. V tomto stavu dokážeme překročit hranice času, prostoru a pohybu a vnímat celkový tok reality. Počátek procesu a jeho konec se sjednotí a my si uvědomujeme, jak jednotlivé fáze procesu postupně vyplouvají na povrch.

Díky tomu budeme moci sledovat, jak jsou všechny fáze sjednoceny v úžasné harmonii, jak jsou na sobě vzájemně závislé a jak se navzájem ovlivňují. A tak člověk dokončí evoluční cyklus, načež už nevidí žádný počátek ani konec času, prostoru či dění, neboť zjistí, že vše předem existuje v plánu přírody.

Osvojení si myšlenky přírody nás přenáší do existence na nejvyšším stupni, zaručuje nám celistvost, věčnost a nespoutané potěšení. Náš svět není tam, kde je naše tělo, je tam, kde je naše *Já*. Pokud realitu vnímáme jako věčnost, úžasnost a dokonalost, pak jsme tam.

Osvojíme-li si myšlenku přírody, neskončíme s lepším pocitem, nýbrž s pocitem věčnosti a celosti, jak je cítí příroda. Pouze v tomto stavu úplného ovládnutí upravené řeči dokáže člověk opravdu pochopit, proč ti, kdo si sílu přírody osvojili, ji definují jako sílu, která je dobrá a koná dobro.

I když je pravda, že ten, kdo své ego přesouvá z řečového stupně na živočišný, vnímá přírodu jako benevolentní, jedná se však pouze o pocit na stupni živočišném. Dotyčný se v tom stavu cítí spokojeně po stránce fyzické i psychické, jeho spokojenost však nebude trvat dlouho. Naše ego neustále roste, čímž nás odlišuje od živočichů; živočišný stav nám už dlouho nevydrží.

Na druhou stranu můžeme říci, že zatímco zvířata vnímají motto „být dobrý a konat dobro" jako stav, řečový stupeň pod ním rozumí průběžný proces. Rozdíl mezi oběma stupni připomíná rozdíl mezi člověkem, jenž se cítí spokojený, jestliže zcela zapudí všechny myšlenky a stará se pouze o tělesnou rozkoš, a jiným, který zaměstnává svou mysl a přemítá o životě od počátku do konce. Jedinec, jenž o životě přemýšlí, je v kontaktu s docela jiným stupněm přírody.

Kdo dosáhne pocitu „být dobrý a konat dobro" na úrovni upravené řeči, považuje život za více než pouhou spokojenost – spíše udržuje kontakt s vyšší realitou, tokem informací a procesů. Taková osoba se těší z vnímání celosti přírody. Uvolňuje se tak ze všech omezení a přestává se identifikovat prostřednictvím svého těla. Její myšlenky stoupají na úroveň existence za hranicemi reality vnímané fyzickými smysly a dosahují do mysli přírody, věčného, složitého pole. Takže když tělo takové osoby „doslouží", dotyčný i nadále cítí, že jeho skutečné já žije dál.

Závěrem lze říci, že návrat k přírodě se s duchovním procesem dosažení rovnováhy s přírodou nepojí. Ba naopak, může dokonce odklonit naši pozornost z potřeby hledat rovnováhu na řečové úrovni v našem nitru, na úrovni myšlenky.

Moudrost kabaly, jejíž principy tato část knihy představuje, identifikuje všechny evoluční fáze, jimiž jsme prošli, i ty, které teprve musíme vyzkoušet, chceme-li cíle přírody dosáhnout. Vysvětluje, že právě stojíme na prahu dramatické změny v povědomí lidí. Lidstvo si plán přírody uvědomí, o tom není sporu. Jedinou otázkou zůstává: „Jak brzy to bude?"

Část druhá
Role Izraele

Role Izraele

První část knihy zkoumala jak globální, tak osobní krize, jejich příčiny a řešení. Nemůžeme však přehlížet některé speciální záležitosti týkající se státu Izrael a života každého jeho občana. Vždy překvapí, když tak malý stát přitahuje tolik celosvětové pozornosti a je stále středem mohutných bojů.

Izraelci zjišťují, že v jejich vlastní zemi se osobní a národní bezpečnost stávají blednoucím snem, který je každým dalším rokem bledší. Provází je neustálý strach, na každém rohu je bombový úkryt, každý byt musí mít ze zákona „bezpečnou místnost" z železobetonu a bezpečnostní služba nás prohledává u vchodu na každé veřejné místo. Izrael byl vlastně vždy po celou dobu své existence ve válce. Jen jeho hranice mění povahu.

Dnes, za éry zbraní hromadného ničení, navíc za rostoucí touhy našich sousedů zničit nás, je naše samotná existence v sázce. Lidé došli na vrchol nervózního napětí. Podle průzkumu zveřejněného v předvečer svátku Yom Kippur (Den smíření) v roce 2006 se „více než 50 procent obyvatel Izraele úzkostlivě obává o samotnou existenci státu. Dvě třetiny si myslí, že je pravděpodobné, že dojde k překvapivému útoku na Izrael, jak tomu bylo na Yom Kippur v roce 1973, a 70 procent nedůvěřuje současnému politickému a vojenskému vedení."

Navíc se nejen nedokážeme domluvit se světem, ale zdá se, že jsme více než kterýkoli jiný národ rozerváni a rozděleni zevnitř. Jsme roztříštěni do vzájemně znepřátelených sekt.

Proč je tomu tak? Je na nás něco zvláštního? Jsme odsouzeni navždy trpět víc než všichni ostatní? Proč nám není dovoleno žít v míru? Proč jsou oči světa stále upřeny na nás? V této části knihy si ujasníme místo Izraele na „lidské mapě" a uvidíme, zda z této pochmurné a zlověstné situace vede cesta ven. Musíme se obrátit pro pomoc k opravdové moudrosti kabaly. Proto než začneme, podívejme se na její původ, o čem pojednává a jak se vztahuje k dnešní realitě.

Lidstvo a moudrost kabaly

Člověk vždy hledal způsob, jak být šťastný. O totéž se snaží i nespočetná učení, stará i nová, a lidstvo přesto nadále trpí. Žádná z metod zatím za celou historii vytoužené štěstí nepřinesla; takže dnešní lidé o ně ztrácejí zájem.

Právě v této zmatečné době vyplouvá na povrch dosud tajená metoda, již její majitelé v průběhu dějin před očima veřejnosti skrývali. Ona ale obecnou veřejnost ani nepřitahovala. Zato nyní vytryskla na hlavní jeviště veřejné agendy a sledují ji lidé na celém světě, ze všech národů, ras a národností. Je jí moudrost kabaly.

Miliony lidí na celém světě mají pocit, že pomocí kabaly naleznou hledané odpovědi, jako například jak mohou být šťastni, což současníky silně přitahuje. A i když většina zatím podstatu této metody nechápe, hluboko uvnitř cítí, že jim odpověď nabídne. A tak jsou ochotni prozkoumat, co jim může nabídnout.

Zajímá-li nás, co způsobilo rozšíření moudrosti kabaly po celém světě, musíme se vrátit do kolébky lidstva, do starobylého Babylonu v Mezopotámii. Tam pramení začátek procesu, který se v současné době dovršuje, procesu, jenž lidi přitahuje ke kabale.

Kabala vysvětluje, že evoluce lidstva je v zásadě evolucí touhy užívat si. Ta se vyvíjí z generace na generaci a nutí nás, abychom ji uspokojovali.

Poprvé se touha po něčem, co přesahuje touhu existovat, u člověka objevila před 5 767 lety (podle hebrejského kalendáře a k datu, kdy sepisuji tyto řádky v roce 2006). Ačkoli Adama předcházelo mnoho generací, u něho poprvé uzrála touha pochopit kolektivní přírodu. Není náhodou, že se jmenoval Adam, neboť toto jméno pochází ze slov Adamme la Elyon, tedy „Budu jako Nejvyšší" (Izajáš, 14:14). Vysloužil si je podle své touhy překonat vlastní kvality a začít se podobat kvalitě přírody ve formě altruismu. To, co Adam posléze objevil, předal svému potomstvu. Je mu také připisována kniha *Raziel ha Malaach* (*Anděl Raziel*).

Den, kdy Adam objevil duchovní svět, se nazývá *den stvoření světa*. V ten okamžik lidstvo navázalo s duchovním světem první kontakt, a proto k tomuto dni i začíná hebrejský kalendář.

Podle plánu přírody dosáhne lidstvo rovnováhy s všeobjímající přírodou, tedy konečné úpravy lidského ega, do šesti tisíc let od onoho dne. Proto je psáno, že „svět existuje šest tisíc let" (Talmud Bavli, Sanhedrin, 97:71). V průběhu uvedených let bude lidské ego postupně narůstat a navádět lidi, aby si uvědomili, že je musí opravit. Také jim nabídne metodu úpravy a ukáže jim, jak ji zavést.

Kniha *Raziel a Malach - Tajný anděl* napsaná Adamem

Několik generací po Adamovi se lidstvo sešlo u starobylého Babylonu a tam se uskutečnil první výlev egoismu. Následně začali lidé chtít vládnout přírodě i světu a vše využívat k vlastnímu prospěchu.

Tento projev egoismu byl alegoricky popsán jako stavění babylonské věže: „Pojďme postavit město a věž s vrcholem v nebi" (Geneze, 11:4). Plán Babyloňanů však selhal, neboť nedokázali ego uspokojit přímo.

Jejich ego tedy narůstalo a to je navzájem oddělovalo. Předtím žili titíž lidé jako jeden lid, ovšem nyní, když se v nich začalo ozývat jejich ego, si přestali rozumět. Tento okamžik je popisován jako *zmatení jazyků*. Nenávist je tedy rozeštvala, až se rozptýlili po celém světě.

U jednoho z Babyloňanů, muže jménem Abraham, se spolu s nárůstem ega probudila tatáž touha, jaká se prvně objevila u Adama, totiž touha poznat tajemství života.

Do té doby Abraham pomáhal svému otci vyrábět modly a prodávat je. Jednoho dne však ucítil, že modly již jeho narůstající touhu neuspokojují, a tak začal hledat vyšší síly. Tento příběh symbolizuje Abrahamův pocit, kdy si do pozice idolu stavěl každou egoistickou touhu, jež k němu přišla, klaněl se před ní a podléhal její vládě.

Abraham tedy začal zoufat, že takový život nikam nevede. Věděl, že bude-li chtít vystoupat do výše vyvinutého života, bude muset zatratit idoly a pokusit se utéct nadvládě ega.

Když to udělal, odhalil komplexní sílu přírody a nazval ji *Bůh*, což je v metodě Gimatria (používání hebrejských písmen jako číslic) rovno *přírodě*. Dovtípil se, že do rovnováhy se silou přírody musí dospět všichni lidé, poněvadž zdrojem všeho utrpení je nerovnováha.

Abraham pátral dále a zjistil, že ego se skládá ze 613 tužeb, z nichž každá se musí adaptovat dle obecného zákona přírody – altruismu. Jinými slovy člověk musí prokazovat služby ostatním, neboli dosáhnout stavu „miluj bližního svého jako sebe sama".

Jestliže každou svou touhu upravíme tak, že ji budeme namísto egoisticky používat altruisticky, docílíme toho, co kabala označuje za *vykonání Mitzvot* (*dodržení Přikázání*). Nemyslí se tím změna fyzické činnosti, nýbrž změna záměru, s jakým své touhy používáme.

Abraham tedy vynalezl metodu vedoucí k dosažení rovnováhy s přírodou, za hranicemi ega, a nazval ji *moudrost kabaly*. Mimo to je mu připisováno také dílo *Sefer Yetzirah* (*Kniha stvoření*).

Abraham začal tuto moudrost učit své lidi, staré Babyloňany: „Otec Abraham je přivedl k sobě domů, dal jim najíst a napít a přivedl je blíž" (Berešit Raba 84:4). Většina lidí se však o úpravu svého ega nezajímala.

Nicméně poté, co Abraham se svou ženou Sarah vynaložili na výuku opravné metody značné úsilí, podařilo se jim zorganizovat několik lidí, kteří se stali první skupinou kabalistů v lidské historii. Později tato skupina získala jméno Izrael.

Od této chvíle se lidstvo dělí na dvě části: kabalisty a zbytek lidstva. Ego postupně rostlo, u kabalistů i u ostatních, ovšem v každé skupině se vyvíjelo jinak. Kabalisté usilovali o udržení rovnováhy s přírodou i přes rostoucí ego, zatímco ti druzí hledali nové způsoby jeho uspokojení.

Z generace na generaci dosahovalo lidstvo větších úspěchů. Lidé stále věřili, že velmi brzy dosáhnou konečného naplnění. Přesto si nakonec vždy připadali prázdnější než před tím, než se objevila nová naděje. Dnes ego dospělo do konečného stupně; takže mnoho lidí cítí, že tisíciletí vyvíjejícího se ega přinesla jen bezmoc a všeobecnou globální krizi.

S tímto vědomím se lidstvo ocitá v téže situaci, jakou zaujímalo v Babylonu. Zatím se však rozšířilo po celé zemi, rozmnožilo se do miliard a tentokrát je připraveno naslouchat. Čas nyní uzrál na to, abychom vstřebali metodu, již vynalezl Abraham a která je určena každému, kdo se chce učit, jak má správně používat své ego, jak lze dosáhnout rovnováhy s přírodou a jak se dá zařídit, aby se člověk cítil jako celá příroda: věčně a kompletně.

Donedávna byli kabalisté nuceni metodu skrývat. Museli čekat, dokud nenastoupí poslední stupeň ega, tedy úroveň, kdy lidstvo ztratí naději na naplnění. Vyčkávali na dobu, kdy bude potřeba opravná metoda, jelikož lidé vycítí, že léčbu na všechny neduhy lze ze všech učení najít právě v moudrosti kabaly. Teď jsme však tyto podmínky splnili, takže kabalisté, kteří metodu v minulosti pečlivě skrývali, ji otevírají pro všechny. Tím se uzavírá historický cyklus a celé lidstvo jako jednota může nyní oné rovnováhy dosáhnout.

V manifestu nazvaném *Mesiášův roh* Baal Hasulam říká, že vysvobození světa z vážné situace závisí jen na šíření opravné metody: „Jsme součástí generace, jež stojí na samém prahu očištění, pokud jen zjistíme, jak moudrost skrytého rozšířit mezi masy."

Zdůrazňuje, že moudrost kabaly musí být zvěstována každému na světě, a porovnává ji k hlasu *šofaru* (beraní roh, na který se duje o židovských svátcích): „A šíření moudrosti mezi masy se nazývá šofar. Jako šofar, jehož hlas cestuje obrovskou vzdálenost, ozvěna moudrosti se bude šířit světem…"

Zrození lidu Izraele

Aby se dnes mohla opravná metoda vůbec objevit a dovést svět do rovnováhy s přírodou, musela se předávat a rozvíjet z generace na generaci. Tento proces započal v téže skupině kabalistů, kterou založil Abraham, a táhne se přes tisíce let.

Poté, co skupina Abrahamovu metodu používala několik generací, zintenzivnilo se ego i v ní.

Pokud se chtěla za daného stavu s novým egoismem vyrovnat, bylo třeba, aby našla vyšší úroveň metody dosahování rovnováhy s přírodou.

Tu jim nabídl Mojžíš, velký kabalista té doby. Mojžíš vyvedl lid z Egypta, z nadvlády nového ega, a naučil je, jak žít „jako jeden muž v jednom srdci", jako součásti jediného těla. Jeho skupina se již kvůli své velikosti nazývá *lidem* či *národem*. Geneticky však patřili ke starým Babyloňanům, k nimž se řadil i Abraham, jak dnes dokazuje dokonce i věda.

Mojžíšova metoda dosahování rovnováhy s přírodou byla pokračováním metody Abrahamovy. Nazývala se *Tóra*. Neodkazuje se jí na *Tóru* (*Pentateuch*) jakožto historický dokument, jak ji známe dnes, nýbrž jako na metodu opravení ega. Termín *Mojžíš* symbolizuje sílu, jež člověka táhne (hebrejsky *Mošech*) z vlády ega. Termín Tóra pochází ze slova *instrukce* či *světlo*, síla, která napravuje, jako v citátu „Světlo v něm je napravilo" (Midraš Raba, Eicha, Úvod, druhý odstavec). Tóra znamená také potěšení, jež naplňuje toho, kdo si upravil ego.

Skupina kabalistů se tedy vyvíjela. Zavedli Mojžíšovu metodu, díky níž upravovali veškeré egoistické touhy, které se u nich projevily, přičemž naplnění (uspokojení, světlo), jehož se jim dostalo v rámci upravených tužeb, se označovalo *Beit ha Mikdaš* (*Chrám, Dům svátosti*). Chrám představuje jejich upravené touhy a nyní se stal domem naplněným svátostí; to znamená kvalitou altruismu, kvalitou úplné přírody.

Narodily se jim děti, byly vychovávány dle opravné metody a dosahovaly vlastních duchovních výsledků. Tak žili lidé v pocitu společné, kolektivní přírody, dokud ego neposkočilo o další stupeň a nezpůsobilo, že tento pocit ztratili. Odtržení od jistoty všeobjímající přírody se nazývá *zboření Chrámu*, a nová vláda ega nese označení *exil v Babylonu*.

Úprava ega, která vypukla za zboření Prvního Chrámu, se nazývala *návrat z exilu do Babylonu a vybudování Druhého Chrámu*". Tentokrát byl však národ rozdělen na dva: některým se upravení ega podařilo, jiní jím byli přemoženi a opravit je nedokázali. Ego v první skupině také postupně sílilo, až celý národ ztratil pocit všeobjímající přírody a lidé upadli do duchovního utajení. Tato vláda ega byla označována jako *zboření Druhého Chrámu* a lidé odcházeli do dalšího exilu, jenž měl být posledním.

Zničení altruistické kvality způsobilo, že celý národ ztratil pocit celistvosti. Výjimkou bylo pár vyvolených, kabalistů, kteří žijí v každé generaci. Mimo oči veřejnosti dále rozvíjeli metodu určenou k upravení lidské povahy a k jejímu přizpůsobení se rostoucímu egu. Jejich úkolem bylo připravit tuto metodu na dobu, kdy ji bude Izrael i lidstvo potřebovat.

Evoluce opravné metody

V době posledního exilu ve druhém století našeho letopočtu napsal Rabí Šimon Bar-Jochaj se svými žáky *Knihu Zohar*. Popisuje jak opravnou metodu, tak vše, co zažije ten, komu se podaří dostat s přírodou do rovnováhy. Také popisuje každý stav, jímž lidstvo projde, než dosáhne konečné úpravy ega. Nicméně k tomu používá náznaky a alegorie.

Měli bychom zdůraznit, že přestože byla *Kniha Zohar* napsána před odchodem do exilu, uvádí se v ní, že objevena bude teprve na jeho konci. To znamená, že spolu s ní přijde i konec duchovního exilu: „…protože Izrael je předurčen ochutnat ze *stromu života*, což je kniha *Zohar*, v níž se s milostí vrátí z exilu (*Kniha Zohar*, Parašat Naso, položka 90).

Kniha dále uvádí, že ke konci šest tisíc let dlouhého období určeného k opravě ega bude kniha odhalena celému lidstvu: „Dokonce i nemluvňata celého světa jsou předurčena k tomu, aby až se přiblíží den Mesiáše, objevila tajemství moudrosti a aby v nich poznala konce a kalkulace spásy. A v té době bude kniha odhalena všem." (*Kniha Zohar*, Parašat Vajira, položka 460).

Kniha Zohar byla tedy ukryta ihned po napsání. Posléze se vyskytla ve třináctém století ve Španělsku, poté se v šestnáctém století, zhruba 1 400 let po dokončení, v Zephathu, městě kabalistů na severu Izraele, objevil Ari (Rabí Izák Luria). Systematickým, vědeckým jazykem odtajnil z *Knihy Zohar* opravnou metodu. Velmi detailně také popsal jednotlivé fáze upravování ega vedoucí k nastolení rovnováhy s úplnou přírodou. Jeho písemnosti obsahují popisy struktury vyššího světa a vysvětlují, jak se člověk do této dimenze reality může dostat a žít v ní.

Jelikož však za Ariho života ego nestačilo plně projevit svou sílu, dokázalo mu porozumět pouze pár jedinců. Jde o to, že výraznější porozumění kráčí ruku v ruce s lépe vyvinutým egem.

Blíží se konec opravného období a přináší s sebou konečnou úroveň egoismu. S tím přicházejí krize, které potřebu metody k úpravě ega ještě zdůrazňují. Dnes již úplnou opravnou metodu potřebuje mnoho lidí, a ti navíc dokážou pochopit to, co v minulosti dovedlo pojmout jen málo jedinců. Proto byla úplná metoda korekce vydána nyní.

Baal Hasulam (1884–1954) přeložil *Knihu Zohar* a Ariho díla, aby jim dokázal porozumět každý z nás. V *Učení kabaly a její podstaty* napsal: „Jsem šťastný, že jsem se narodil v této generaci, kdy je již povoleno zveřejnit moudrost pravdy. A pokud se mne zeptáte, jak vím, že je to povoleno, odpovím, že je to proto, že jsem dostal povolení odtajnit ji."

Hlavní prací Baala Hasulama je *Sulam, Komentář ke Knize Zohar*, v němž dílo přeložil z aramejštiny do hebrejštiny a vyložil je. Také sestavil *Výklad Deseti Sefirot*, ve kterém popsal díla Ariho.

Vedle těchto ohromných děl napsal mnoho esejí, jež objasňují, jak lze vystavět lidskou společnost, aby fungovala v rovnováze s přírodou. Vysvětlil, že to dokázal stvořit jakožto odezvu na potřebu své generace získat jasnou a systematickou metodu opravy ega.

„Celá má zásluha na odtajnění moudrosti spočívá v mé generaci" (*Učení kabaly a její podstaty*).

Jak kabalisté předpověděli, konec dvacátého století provázel počátek nové éry lidské evoluce. Kabala nyní přitahuje masy lidí. V osmnáctém století označil Vilna Gaon rok 1990 za rok, kdy začne proces hromadné opravy, jak uvedl v knize *Kol ha Tor* (*Hlas hrdličky*). Baal Hasulam označil v rozhovoru se žáky v roce 1945 za kritický rok 1995.

Není vůbec náhodou, že zájem o kabalu se rozvíjí. Kabalisté vysvětlují, že pokud budeme čekat až do konce zmíněného období šesti tisíc let, aniž bychom v opravě našeho ega sami pokročili, budeme trpět, většina světové populace vyhyne kvůli šíleným válkám a těch pár přeživších bude stále muset plán přírody dokonat.

V díle *Poslední generace* Baal Hasulam vysvětluje, že „dokud nebyl vynalezen atom a vodíkové bomby, technologii tvořil a lidstvu předával Stvořitel. Pokud světu stále není zřejmé totální zničení, jež mají způsobit, může vyčkat na třetí světovou válku, nebo na čtvrtou a tak dále. Bomby splní svůj úkol a ti, kdo po zničení zůstanou, nebudou mít jinou možnost než převzít svou roli." Jinými slovy, pokud říkáme „Que sera sera," a prostě sedíme, aniž bychom něco podnikli, příroda nás k nápravě donutí prostřednictvím hrozných bolestí v rámci zbývajících 233 let zbývajících do závěru šest tisíc let dlouhého období. O tomto bolestném procesu říkáme „ve svůj čas", ale myslí se tím „v přiděleném čase".

Jenže utrpení se bude zintenzivňovat a narůstat, dokud nám každý okamžik nebude připadat jako věčnost, neboť čas je psychologickou záležitostí. Vlastně již nyní cítíme, že je život stále těžší, a to je teprve začátek.

Cesta opravy nicméně časově omezena není. Stejně jako po celou dobu dosahovali rovnováhy s přírodou kabalisté, dnes může téhož docílit a tutéž dokonalost a věčnost zakusit kdokoli. Zmíněnou cestu označujeme slovy „Zrychlím to," protože urychluje čas. Rovnováhu musíme tak či onak vyhledat všichni, ba dokonce ani smrt není únikem z povinného opravného procesu.

Volba mezi oběma cestami závisí na tom, zda vývoj svého uvědomění podpoříme utrpením, nebo zkoumáním. Evoluci prostřednictvím zkoumání lze podepřít moudrostí kabaly, která popisuje naši situaci, vysvětluje, kam bychom se měli dostat, a poskytuje prostředky k tomu, abychom to zvládli. Takže je možné, že lidstvo zažije 233 let nesnesitelného mučení, jak dny Mesiáše popisují knihy kabaly. Nebo lze téhož dosáhnout v čase mnohem kratším a v nespoutaném opojení. Na této křižovatce je klíčová role Izraele.

Role Izraele

Potomci z Abrahamovy skupiny kabalistů jsou Izraelci. Než začneme probírat úkol Izraele, je důležité vědět, že zde vůbec nehraje roli otázka nacionalismu, jak uvádí Baal Hasulam v eseji *Matan Torah* (*Darování Tóry*): „Zapojuje se, Bože odpusť, do hry otázka nacionalismu? To by si samozřejmě mohla myslet jen osoba duševně chorá." Izraelci nejsou lepší než jiné národy, nicméně v plánu přírody hrají jedinečnou roli. Lidstvo je jako jediné tělo, kde má každý orgán svou funkci. Kabalisté alegoricky říkají, že na začátku byla opravná metoda nabídnuta každému národu, neboť „smysl stvoření leží na bedrech celé lidské rasy, ať je černá, bílá, či žlutá" (Baal Hasulam, *Pouto*). Když však byla Tóra předána, žádný národ nebyl připraven ji přijmout; svět ji evidentně ještě nepotřeboval. A tak byla vložena do rukou lidu Izraele, aby fungoval jako přestupní stanice pro metodu, kterou nakonec zrealizuje celé lidstvo.

Izraelci se od všech ostatních národů liší. Žije mezi nimi tatáž skupina kabalistů, již Abraham založil z obyvatel Babylonu. Jejich úkolem je uchovávat opravnou metodu napříč lidskou historií až do doby, kdy ji budou všichni potřebovat. Tehdy bude tato skupina, nyní označována jako lid Izraele, schopna svou funkci realizovat a opravnou metodu předat všem národům.

Pád zmíněné skupiny kabalistů v nich pod vládou ega vyprodukoval sofistikované a jedinečné ego. K tomu došlo proto, aby Židé urychlili evoluci světa, zatímco ještě patřili mezi národy.

Národy světa postrádaly dostatečný pohon k pokroku, proto měli Židé za úkol nutit je vpřed k razantnější egoistické evoluci. Takže vedli kulturní, vědecké, ekonomické i technologické revoluce, jež měly zrychlit uvědomění si, že egoismus zavádí svět do slepé uličky a že jej musíme opravit. Dnes bychom se vedle uvědomění, že potřebujeme upravit ego, měli naučit, jak lze zavést opravnou metodu.

Tento proces se dělí do různých fází. Nejprve se musí napravit sami Izraelci a znovu nabýt rovnováhu s přírodou, kterou ztratili zhruba před dvěma tisíci lety. Proto si musí osvojit opravnou metodu, od níž byli odříznuti, a musí ji začít používat. Jakmile to zvládnou, poslouží jako altruistický příklad pro celé lidstvo a naplní svou roli světla národů.

Až se oprava Izraele přenese na zbytek světa, rozběhne se druhá fáze plánu: oprava celého lidstva. Takže „až budou děti Izraele obohaceny o úplný rozum, fontány inteligence a znalostí přetečou hranice Izraele. Zaplaví všechny národy světa, jak je psáno (v Izajáši, 11), neboť země bude plná znalostí Pána." (Baal Hasulam, *Úvod ke Stromu života*, položka 4).

Návrat do Izraele

Návrat lidu Izraele do země Izrael je předurčen v plánu přírody. Chceme-li mu porozumět, musíme pochopit duchovní význam termínu *země Izrael*. Za tím účelem musíme rozumět jazyku, který používají kabalisté.

Když kabalisté dosáhli rovnováhy s přírodou, objevili část reality, jež přesahuje šíři vnímání egoistické osoby. Nazvali ji *vyšším* neboli *duchovním světem*. Jakmile zjistili, že každý prvek ve vyšším světě se sklání do našeho světa, kde se fyzicky manifestuje, nazvali prvky ve vyšším světě *kořeny* a jejich projevy v tělesném světě *větve*. Tak vznikl *jazyk kořenů a větví*, založený na paralele mezi vyšším světem a tím naším.

V jazyce větví *země* znamená *touhu* a *Izrael* znamená *Ješar El* (*přímo k Bohu*). Takže *země Izrael* označuje touhu směřovanou k altruistické činnosti.

Generace, které žily v Izraeli před zničením Druhého Chrámu, se nacházely ve stavu duchovního snažení. V té době existovala kongruence mezi duchovním stupněm lidu Izraele a jeho fyzickou přítomností v zemi Izrael, tedy Izrael si zasloužil tam být. Jenže s tím, jak lidé ztráceli duchovní úroveň a klesali pod nadvládou egoistických tužeb, neshoda mezi duchovní úrovní lidu Izraele a jejich přítomností v zemi Izrael nakonec způsobila zničení Chrámu a exil ze země Izrael.

Zatímco v minulosti duchovní úpadek lidu Izraele předcházel jejich exilu, kdy se rozptýlili mezi další národy, dnes je situace obrácená. Fyzický návrat lidu do Izraele totiž předběhl jejich duchovní návrat, zato soulad mezi duchovním kořenem a tělesnou větví je třeba vystavět znovu. Lid Izraele musí vyšplhat tutéž stezku, již předtím sešel, ale v opačném pořadí: nejprve návrat fyzický, poté duchovní.

Tito lidé mají tedy povinnost dosáhnout duchovní úrovně *země Izrael*, a za tím účelem jim byla odhalena opravná metoda. Dokud se Izrael nenapraví, jeho lid se bude v zemi cítit nepohodlně. V Izraeli nelze žít bez duchovního ideálu; síly přírody tam člověku prostě nedopřejí klid, nevyzařuje-li duchovní shodu. Ke zvýšení duchovní úrovně na takzvanou úroveň země Izrael jsou její obyvatelé popoháněni tím, že realita se jim jeví nebezpečně a znepokojujícně. Veškerý tlak, jež na Izrael vyvíjejí jiné země, jakož i vnitřní sociální krize v politice, ve společnosti, a dokonce i v osobním životě přicházejí proto, aby nás s předstihem navedly k cíli naší existence na tomto světě.

„Jednou větou: dokud svůj cíl nepovýšíme nad tělesný život, nenastane žádná tělesná obnova, protože duchovno a tělesno v nás nedokáže žít v jednom koši, neboť my jsme dětmi ideje" (Baal Hasulam, *Exil a vykoupení*).

Po celé generace prohlašovala *Kniha Zohar* i kabalisté návrat lidu Izraele z exilu za dobu, kdy se svět bude muset opravit. Proto když se národ vrátil do Izraele, velký kabalista Rabí Abraham Isaac HaCohen Kook, který byl také prvním hlavním Rabím Izraele, byl velmi přímočarý:

„Nyní nastala doba, kdy každý pozná, že spása Izraele i celého světa závisí výhradně na zjevení moudrosti skrytého světa internality tajemství tóry (kabaly) jasným jazykem" (*Dopisy Rajaha*, str. 92). Pouze staneme-li se tím, čím bychom měli být, vrátí se humanismus lidstvu, nejvyšší ctnost, jejíž podstata dokáže v oné kvalitě spatřit skryté duchovní světlo; a přirozeně vyvstane ve své celistvosti a pyšně pozná své štěstí" (*Sefer Orot, Kniha světel*, str. 155).

Měli bychom vědět, že stejně jako se lid Izraele nepočítá mezi sedmdesát národů světa, nýbrž je považován za zvláštní skupinu, jež má celému lidstvu předat opravnou metodu, na planetě Zemi nebude existovat *země Izrael*, dokud to nebude země, kde žije duchovní národ. Proto si lid Izraele zaslouží v té zemi žít pouze do té míry, do jaké koná svou povinnost. Jinak nebude považován za *lid Izraele* a země nebude považována za *zemi Izraele*. Izrael se pak stane zemí, která tento lid zavrhuje a odmítá, zemí, jež tento národ nemůže postavit na vlastní zem, „zemí, která své obyvatele ničí" (*Čísla*, 13:32).

Baal Hasulam předpověděl, že nedojde-li k nějakým změnám, bude ohrožena samotná existence Židů v Izraeli. V díle *Poslední generace* uvedl, že záležitosti by se mohly zhoršit, a tak by mnoho lidí z Izraele odešlo, že „kousek po kousku by unikali před nepohodlím, až by jich zůstalo příliš málo na to, aby si zasloužili stát, a byli polapeni mezi Araby."

Sjednocení národa

Pokud se chceme opravdu stát svobodným národem ve své zemi, jak praví naše národní hymna, musíme aplikovat tutéž formuli, která nás udržovala před zničením a exilem. Namísto separace, odcizení a nepodložené nenávisti, jichž dnes přebývá, se musíme znovu stát součástmi jediného těla a sjednotit se s všeobjímající přírodou. Prostředky k dosažení této jednoty nad našimi houževnatými egy je třeba hledat v implementaci opravné metody.

V Izraeli jsme se vlastně shromáždili především kvůli tomu. Plán přírody přiměl národy světa, aby na nás tlačily, a nám nakázal uniknout z diaspory a nalézt nebe v Izraeli. Z valné většiny sem byli lidé donuceni přijít jako do vyhnanství, kde měli být zachráněni před tlakem nepřátel, nebo aby si vylepšili tělesný život. Nevrátili se do Izraele kvůli nějaké vnitřní tendenci s láskou se spojovat, vytvářet sjednocený národ, dostat jej do rovnováhy s altruistickou přírodou a pak k ní vést celé lidstvo.

Aktuální pouta nám nakonec ani neumožní čelit národům, které stojí proti nám, jelikož jejich vnitřní propojení je mnohem pevnější než naše. Naši nepřátelé si naši slabost evidentně uvědomují, jak vysvětluje vedoucí katedry Dějin Středního východu na univerzitě Bar Ilan, Zeev Magen, PhD: „Íránci a zbytek fundamentalistů jsou přesvědčeni, že jsme společnost bez jakékoli infrastruktury jednotných principů. Navíc jsou přesvědčeni, že jsme došli k závěru, že taková infrastruktura ani existovat nemůže. Proto jsou si jistí, že nás dříve či později porazí a vyženou nás odtud nebo přinejmenším učiní konec naší suverenitě. Jistota vždy přemůže nejistotu. Proto v jejich očích žijeme v nastaveném čase. Novinový článek nedávno otištěný v jedněch arabských novinách končil citací od Haminaje, který citoval Korán, když řekl, že „Židé nebudou bojovat jako jeden muž. Myslíte si, že jsou jednotní, jenže jejich srdce jsou rozdělená."

Jednoty mezi námi lze docílit, jestliže se spojíme kvůli realizaci své povinnosti vůči světu. Nikoli za účelem vylepšení vlastní situace na úkor ostatních národů či zemí. Nacionalistická idea národa, o níž hovoří moudrost kabaly, se nachází od tradičního nacionalismu stejně daleko jako Východ od Západu. Nesmíme se považovat za nadřazené nad ostatními.

Právě naopak být vyvolenými znamená, že tento lid byl zvolen, aby sloužil všem národům. Jeho povinnost obnáší to, že jim bude pomáhat dosáhnout rovnováhy s přírodou a docílit stupně maximálního duchovního rozkvětu. Musíme se považovat za prostředek určený k tomuto účelu a nic víc; cíle pak budeme schopni dosáhnout jedině tím, že se všichni sjednotíme.

Náš návrat do Izraele pod pohrůžkou byl součástí plánu přírody, a nabídl nám příležitost, abychom v sobě sami objevili vnitřní potřebu sjednotit se a vytvořit národ, který povede lidstvo k celistvosti.

Není náhodou, že aktuálně se nám v Izraeli nedaří vytvořit sjednocenou společnost. Jsme rozděleni do sekt: světských proti náboženským, levých proti pravým, aškenázy proti sefarditům, rodilých Izraelců proti novým olim (přistěhovalcům) a tak dále. Proto veškeré naše snahy zdaleka nejsou plodné; sociální rozdíly se prohlubují a nenávist a odcizení se umocňují.

Nedávný průzkum odhalil, že dokonce i dnes 57 procent izraelské veřejnosti věří, že existence Izraele může být ohrožena kvůli nepodložené nenávisti.

V aktuální situaci si musíme dát pauzu a nalézt své kořeny, pochopit, odkud pocházíme, jak jsme se stali lidem Izraele, najít zákony, na jejichž základě byl náš národ založen, a jejich smysl. Teprve až budeme skutečně žít věčné základy duchovních ideálů, na nichž byl stát Izrael založen, budeme schopni se sjednotit a podpořit jednotu všech lidí, ať se nacházejí kdekoli.

Antisemitismus

*Na svět nepřijde žádná pohroma,
vyjma Izraele.*

Talmud Bavli, Jevamot, 63:1

Pochopení role Izraele usnadňuje porozumění antisemitismu a zjednodušuje návod, jak jej lze vyřešit. Kořen antisemitismu včetně obviňování Židů z každé nepříjemnosti, která se na světě stane, je součástí smyslu existence Izraele a metody k opravení ega i jejího poskytnutí světu. Osud lidu Izraele závisí na tom, jak se úkolu zhostí.

Dokud Izrael neaplikuje opravnou metodu na sobě a nepředá ji ostatním národům, bude nerovnováha lidstva vůči přírodě narůstat. Postupně bude sílit intenzita a frekvence výskytu negativních jevů v celém lidstvu a v životě každého jedince. Aktuálně se uvedené jevy zhoršily na úroveň globální krize.

Antisemitismus se ve světě objevuje podle evoluce konkrétního národa. Národy podvědomě vnímají, že jejich štěstí závisí na Izraeli. Proto se negativní postoj k Židům vyskytuje zvláště u rozvinutějších národů. Nepřekvapuje, že Německo, na počátku dvacátého století nejrozvinutější země, bylo také zemí, kde vypukl hrůzostrašný výboj antisemitismu. Čím více je ego národa vyvinuto, tím mocněji se probouzí nenávist k Židům. U někoho jde o reakci násilnou, u jiných se jedná o tichý souhlas a podporu.

V současné době evoluce ega zapůsobila tak, že většina světových národů nese Izrael nelibě. Zhoršily se dokonce i vztahy se zeměmi, které byly dříve s Izraelem solidární, což platí například o severoevropských státech. Průzkumy provedené v Evropské Unii naznačují, že šedesát procent jejích obyvatel věří, že Izrael představuje největší nebezpečí pro světový mír.

Například v Nizozemí tento názor podporuje 74 procent populace. Průzkum také ukázal, že se zhoršuje obrázek, jejž si o Izraeli tvoří vzdělaní lidé.

Navíc zdánlivě malé a nevýznamné země vydávají protiizraelská prohlášení. Antisemitský postoj vyjadřují dokonce i státy, které s Izraelem nemají přímý kontakt. Všechny uvedené jevy jsou zakořeněny v povaze stvoření, jak je psáno: „Je známo, že Ezau nenávidí Jákoba" (Midraš Sifrej, Parašat BeHaalotchah, odstavec 11).

Měli bychom zdůraznit, že ostatní národy se k sobě navzájem chovají výrazně jinak než k Izraeli. Dokonce i když se dva z nich nesnášejí, pod společnou hrozbou se sjednotí stejně, jako spolupracují zvířata, mají-li uniknout nebezpečí. Vůči Izraeli však zachovávají postoj jiný, a to i pod hrozbou. Prstem na nás ukazují jako na příčinu své nebezpečné situace.

V současnosti mnoho národů věří, že pro lid Izraele na světě není místo, dokonce ani ve státu Izrael. Takové přesvědčení pramení z instinktivního pocitu, že představujeme zdroj všech nesnází. Dotyčné národy to ovšem nedokážou smysluplně vysvětlit sobě, natož nám.

Židé vlastně také nedokážou pochopit, proč je každý nenávidí a proč se cítí podivně vinni. Skoro jako by ostatním národům něco dlužili a uvědomovali se, že si tento zvláštní negativní přístup zasluhují.

Antisemitismus ve skutečnosti nezáleží na národech světa, ale pouze na funkci Izraele. Nesmíme spoléhat na žádný národ, že by nám snad pomohl, ani doufat, že přístup světa k nám se změní k lepšímu. Naopak pokud si nezačneme uvědomovat svůj osud, nenávist k nám bude narůstat dokonce i v zemích, které nás dnes ještě podporují.

Vzestup islámu

Vedle nárůstu antisemitismu naši situaci silně ovlivňuje další aktuální jev, totiž skutečnost, že křesťanství přenechává svou nadvládu fundamentalistickému islámu. Tento postup popisuje *Kniha Zohar* jakou součást procesů, které nastanou, až se Izrael vrátí do své země: „A děti Izmaela jsou určeny k tomu, aby vyvolaly velké války ve světě, a děti Edoma se kvůli nim shromáždí a povedou s nimi válku." (*Kniha Zohar*, Vaera, položka 203)

Věnujeme-li se studiu vzestupu islámu, musíme jako při zkoumání každého procesu především vědět, že vše, co se v tomto světě přihodí, představuje následek rovnováhy skrytých sil reality. Gravitační sílu například také nevnímáme, nevidíme ji ani necítíme, nicméně rozpoznáme následky jejího působení. Měříme její účinky, a tak se učíme s ní zacházet.

Velmi podobně v realitě pracují síly, jež ovlivňují lidskou společnost. Avšak tyto síly ani jejich následky nedokážeme na rozdíl od sil ovlivňujících nižší stupně než lidskou úroveň (neživý, rostlinný a živočišný v přírodě a našem těle) jasně identifikovat. Zkoumání každého jevu totiž vyžaduje, aby byl nahlížen z vyšší perspektivy. Takže dítě například nemůže studovat, co to znamená být dítětem. Podobně nemůžeme aktuálně chápat síly, které ovlivňují náš – lidský – stupeň.

Nicméně jelikož je realita úplná, stejně jako přírodní síly ovlivňují všechny stupně přírody, působí – byť je skrytá – i na lidskou společnost. Vlastně všechny jevy, které v ní pozorujeme, představují účinky sil přírody, jež jí manipulují, tedy vztahy mezi lidmi, mezi národy či zeměmi, jako když ovčák vede stádo. Chceme-li situaci změnit, musíme uvedené síly pochopit a ovlivnit, odkud na nás působí. Přičemž stupněm, z něhož na nás působí, je umístěn nad lidským stupněm, takže jej nazýváme *vyšší stupeň přírody* nebo *vyšší svět*.

Kabalisté popisují uvedený *modus operandi* těmito slovy (Berešit Raba, 10,6): „Neexistuje stéblo trávy, které by nemělo anděla (sílu) nad sebou, jež by ho napřímila a řekla: ‚Ať rosteš!'" Jinými slovy nic na světě se nezmění bez síly, která působí z vyššího stupně, z vyššího světa.

Chceme-li proto pochopit vztahy mezi náboženstvími obecně, a zvláště vzestup islámu, musíme znát vyšší kořen náboženství: tři linie. Evoluce člověka k rovnováze s všeobjímající přírodou se vyvíjí podél pravé, levé a střední linie. Tato cesta má mnoho stupňů, na každém z nich člověk získává egoismus z levé line a altruistickou vyrovnávací sílu (k nápravě ega) z pravé linie. Naším úkolem je tyto linie sjednotit uprostřed, tedy využívat ego altruisticky.

Těmto liniím odpovídá systém, který je má držet jako slupka, jež v sobě střeží ovoce. Z toho důvodu jej označujeme jako systém *Klipot* (*mušle, slupky*). Jeho úkolem je zajistit fungování linií.

Následkem práce sil pravé a levé v lidské společnosti jsou islám a křesťanství v uvedeném pořadí.

Levá a pravá linie Izraeli pomáhají udržovat přímý kurz podél prostřední linie směřující k realizaci plánu přírody. Síla, která na Izrael působila během exilu, pocházela primárně z levé linie. Ke konci opravy kolektivního lidského egoismu však začíná přebírat aktivnější roli pravá linie.

Během exilu charakterizovalo evoluci národů zintenzivnění egoismu. Takže hlavní silou při definování lidu Izraele a jeho vymezování vůči dalším národům světa byla levá Klipa (jednotné číslo pro Klipot), která k tomu využila nenávist k Izraeli, tedy antisemitismus. Takto po celá staletí exilu střežila lid Izraele před asimilací s ostatními národy světa.

Od konce exilu však tyto prostředky nebyly dostačující. Nyní musí být probuzena pravá Klipa, síla, jež stojí proti vyrovnávací síle, a musí podnítit Izrael, aby si osvojil skutečnou kvalitu altruismu.

Na prvky v lidské společnosti: národy, země a tak dále. působí síly přírodě vlastní, takže od doby exilu světu vládla levá Klipa, křesťanství. Nahradilo Atény a Řím (které nebyly náboženstvím či Klipou), ovládlo svět a potlačilo všechny ostatní metody.

Ovšem s tím, jak se přibližuje doba, kdy bude muset Izrael sám sebe napravit a posadit kvalitu altruismu nad ego, zjevuje se světu nadvláda síly Klipa zprava. Dnes to pozorujeme na globálním posílení moci islámu nad křesťanstvím.

Až se Izraelci začnou zabývat oběma Klipot a stabilizují se podél prostřední linie, setkají se i s její Klipou.

Ta v nich sídlí, v jejich vlastním náboženství, a oni ji budou muset vydělit, oddělit a vykořenit ze světa.

Měli bychom si uvědomit, že všechny války, které kabalisté popisují, lze rozhodnout na vyšším stupni než na lidsko-společenském – to znamená na úrovni našich tužeb. Pokud zvítězíme zde, uspějeme, načež zrealizujeme opravnou metodu a naučíme se altruisticky využívat ego, a tedy vybudujeme střední linii. V takové situaci již nebudou války potřeba.

Měli bychom pamatovat na to, že míra rovnováhy či nerovnováhy mezi přírodou a námi určuje tělesnou, externí realitu a intenzitu utrpení, jež zakusíme. Klíč ke změně držíme ve svých rukou, poněvadž jediná aktivní část reality je v každém případě lid Izraele.

Internalita a externalita

Mějte na mysli, že vše má svou vnitřní a vnější stránku. Izraelci, potomci Abrahama, Izáka a Jákoba, jsou obecně považováni za vnitřní stránku světa, zatímco sedmdesát národů je považováno za jeho vnější stránku.

Baal Hasulam, *Úvod ke Knize Zohar*

Izraelce lze analogicky přirovnat ke klíčovým orgánům v kolektivním těle lidstva – k mozku, srdci, játrům, plícím a ledvinám, jež řídí zbytek orgánů v těle. Jestliže tyto orgány fungují špatně, trpí celé tělo a onemocní.

Taktéž proces léčení lidského egoismu závisí na úspěchu léčby lidu Izraele. Zbytek těla se následně uzdraví hladce a snadno. Jelikož plán přírody umístil lid Izraele do pozice, kde odpovídá za stav světa, jsme považováni za internalitu světa, zatímco zbytek národů je pokládán za jeho externalitu. Zjistíte, že ať budete zkoumat cokoli, vždy to bude sestávat z nějaké vnitřní a vnější složky. V tomto případě se vnitřní část složky nazývá Izrael a vnější jsou národy světa. Jakákoli osoba procitne a bude si chtít opravit ego, přichází se dvěma druhy tužby: Izrael – touha dosáhnout rovnováhy s altruistickou přírodou, a národy světa – egoistické touhy.

Dokonalá rovnováha s přírodou se docílí pouze tehdy, budou-li všechny egoistické touhy člověka vyrovnány jeho altruistickou povahou. Z toho vyplývá, že vše na světě funguje podobně. Takže úplné nápravy lidského egoismu dosáhneme teprve tehdy, až se napraví všichni lidé.

Avšak rozhodující vliv na tento proces měli ti, kdo tvoří Izrael, což vyplývá z příkazu nápravy zakořeněném v plánu přírody.

Jestliže nějaký jedinec z Izraele navýší svou internalitu, altruistickou touhu, nad externalitu, egoistickou touhu, posílí internalitu mezi ostatními v Izraeli i u národů světa. Tím se lidé Izraele přiblíží k odvedení úkolu, jehož následkem nás budou chtít národy světa podporovat a být nám blíž.

Pokud naopak někdo z Izraele vychvaluje svou egoistickou externalitu a oceňuje ji nad altruistickou internalitu, zvyšuje hodnotu externality nad internalitu také na všech ostatních úrovních. Následkem toho se lid Izraele vzdaluje od splnění své povinnosti a národy světa nás přemáhají a ponižují.

Toto vnímání, jež Izraelce staví do pozice tvůrce vztahů v celé realitě, vyjadřují slova Baal Hasulam: „Nebuďte překvapeni, že jednání jedné osoby přináší vzestup či pokles celého světa. ...Navíc součásti tvoří vše, co je v celku." (*Úvod ke Knize Zohar*, položka 68).

Rav Kook představuje v knize *Orot Hakodeš* (*Světla svatosti*) podobnou ideu: „Velikost hodnoty síly vůle člověka i to, jak důležitý je ve skutečnosti jeho stupeň, bude světu teprve odhaleno prostřednictvím tajemství Tóry (kabaly). A toto odhalení bude korunou celé vědy."

Takže i když lid Izraele není příliš početný, disponuje mocí a sílou nutnou k provedení požadované nápravy celého světa. Obrození ostatních národů závisí výhradně na tom, do jaké míry nějaká osoba z Izraele preferuje internalitu před externalitou, neboli Izrael před vnitřními národy světa.

Lid Izraele tedy určuje vztahy mezi sebou a národy světa. Národy světa proti němu povstávají, protože je posilujeme. Tím, že zvyšujeme důležitost své egoistické části nad altruistickou, způsobujeme, že nás překonávají i z vnějšku.

Kdybychom se dokázali byť jen o kousek povznést blíže k rovnováze s altruismem přírody, naši nepřátelé by s námi nebojovali. A kdybychom se přiblížili ještě víc, stali by se přáteli. To je přímá reakce, zcela bez ohledu na ně. Vlastně je řídíme!

Kdybychom se dotkli onoho vnitřního bodu, naši nepřátelé by v sobě okamžitě objevili zcela jiné touhy, jako by předchozí den byl vymazán. Začali by cítit, že s naší pomocí by mohli dosáhnout věčnosti a dokonalosti.

Takže nakolik my znevažujeme internalitu, natolik lidstvo znevažuje nás. Pokud vychvalujeme důležitost uskutečnění cíle přírody, lidstvo nás bude považovat za vlastníky metody, která vede ke štěstí. To je zákon internality a externality, jejž nelze změnit.

Válka Goga a Magoga

Bitva mezi internalitou a externalitou se označuje jako *válka Goga a Magoga*. Projevuje se u izraelského národa a její následky určují osud celého světa. Pokud zvítězíme, vyhneme se hrůzostrašným válkám Goga a Magoga v podobě apokalyptické globální války.

Válka Goga a Magoga je vlastně jakousi vnitřní válkou, k níž dochází v nitru jedinců z Izraele. Nejedná se o fyzickou válku s letadly a střelami, jak se lidé často domnívají. Letadla a střely zase nejsou skutečnou válkou; nýbrž pouze fyzickým projevem nahromaděné nerovnováhy.

Válka Goga a Magoga je válkou mezi internalitou a externalitou našich tužeb. Bojuje se v našich srdcích a myslích. V jejím průběhu dostáváme na výběr: Ke které straně chceme patřit? Upřednostňujeme internalitu světa nebo jeho externalitu? Kam to táhne naše touhy, mysli a srdce? To je válka. Účelem této knihy je pošťouchnout každého člověka v Izraeli, aby si uvědomil, že jeho internalita určuje vše, co se stane ve vnějším světě.

Míníme-li tuto válku vyhrát, potřebujeme prostředek, který navýší internalitu v našich srdcích. Speciálně k tomuto účelu byla naší generaci odhalena moudrost kabaly. Během exilu, jenž byl jak duchovní, tak fyzický, jsme byli od této moudrosti odpojeni. Zatímco pár vyvolených opravovalo svá ega a vnímalo díky kabale všeobjímající přírodu, zbytek národa od ní byl zcela odstaven a zbývaly mu jen povrchní symboly tradice Izraele.

Měli bychom mít na paměti, že metoda určená k úpravě ega, již Mojžíš věnoval Izraeli – *Tóra* (*Pentateuch*) – byla zapsána v jazyce větví. K poukazování na duchovní prvky (kořeny) využívá tělesné pojmy (větve).

Kabalisté – lidé, kteří dosáhli doteku přírody a žijí simultánně v obou světech, fyzickém i duchovním – vědí, jak jazyk větví šifrovat. Určují, na který duchovní kořen ukazuje konkrétní tělesná větev. Proto Tóru považují za pokyny k vnitřní práci na třech dříve zmíněných liniích, jež spraví ego.

Lidé však jazyk větví nevnímají jinak než jako tělesné znázornění. Vidí jen povrchní část Tóry a neumí si představit, že existuje něco, co je za ní skryto. Následně během exilu začali lidé zacházet s Tórou jako s něčím prvoplánovým, jako je kniha o historii či zákonná ústava.

V *Podstatě moudrosti kabaly* a ve studii *Talmud Eser Sefirot*, část první, odkazuje Baal Hasulam na tento jev jako na materializování. Vysvětluje, že jde o následek tisíců let odtažení Izraele od duchovního světa.

Až dosud kabalisté mlčeli. Jakmile se však do Izraele pustila vlna imigrace, označující konec exilu, přestali se skrývat a začali lidi vyzývat, aby se znovu seznámili se smyslem života, jejž od doby zboření chrámu zapomněli. Podněcovali je, aby k tomu využívali moudrost kabaly.

Kabala je jedinečná v tom smyslu, že člověku neumožňuje materializovat. Jazyk, který používá, totiž není jazykem větví, nýbrž kódovaný jazyk světů a sefir. Podrobně popisuje všechny elementy ega včetně fází vedoucích k opravení každého z nich. Pomocí grafů, diagramů a kalkulací provádí kabala dotyčného jedince jednotlivými kroky, upozorňuje na následující postup nutný v každé fázi a vysvětluje, jak by měl být proveden. Představě, že by člověk mohl v životě dosáhnout něčeho dobrého, aniž by si upravil ego, neponechává žádný prostor. A konečně ukazuje, že úpravy lze docílit prostřednictvím vnitřního rozjímání.

Proto kabalisté objasňovali, že rovnováhu s přírodou lid Izraele znovu získá jedině pomocí moudrosti kabaly. Povstali tedy, aby ji šířili mezi masy. Zjistili, že je to jediný způsob, jak lze lid Izraele a celý svět přiblížit ke spáse a vysvobození od nepříjemností, neboť „tato záležitost spásy… je nejvyšší celistvost výsledků a znalostí." (Baal Hasulam, Úvod ke Stromu života).

GRA (Vilna Galon) napsala, že „spása závisí především na studiu kabaly" (Even Šlomo, kapitola 11, položka 3). Rav Kook podobně vyvozuje: „Velké duchovní otázky, které byly dříve řešeny jen ve prospěch dobrých a velkých, musí být nyní řešeny v různém stupni pro celý národ" (Eder Hajekar ve Ikvej Hatzon). Podobně Baal Hasulam tvrdil (Úvod ke Stromu života), že „jedině šířením moudrosti kabaly mezi masy získáme absolutní spásu." Psal, že jsme tedy povinni „psát knihy, abychom urychlili cirkulaci moudrosti národem."

Kabalisté se však setkali s opozicí. Ne všichni ortodoxní vůdci se přidali k jejich výzvě; někteří jí odporovali a snažili se šíření kabaly bránit. Tato reakce je výsledkem duchovního exilu, jejž lidé zakoušeli za poslední dvě tisíciletí. Během poslední, a duchovně nejslabší fáze exilu se vůdci svého lidu stávali jedinci bez duchovního snažení.

Zřejmým příkladem takového přístupu je zacházení, jakého se dostalo Baalu Hasulamovi, když kabalu začínal šířit. Jeho vzkaz zněl jasně: „Mám silnou potřebu zbourat železnou stěnu, která nás od moudrosti kabaly odděluje již od zničení chrámu až po současnou generaci. Těžce na nás spočívá a vzbouzí strach, že budeme v Izraeli zapomenuti." (Úvod ke Studii Deseti Sefirot, položka 1).

Při pokusu zabránit blížícímu se holocaustu v roce 1933 Baal Hasulam vydal řadu pojednání. První hlásil, že jich bude padesát, a titul první eseje v pojednání *Čas jednat* jasně naznačoval autorův záměr.

O dva týdny později bylo zveřejněno druhé pojednání – *Haarvut* (*Pouto aneb vzájemná záruka*) – a následně přišlo třetí a poslední pojednání *Mír*.

Záměr Baala Hasulama šířit moudrost kabaly mezi masy se neshodovalo s tím, co si mysleli někteří veřejní vůdci. Ti vydávání těchto esejí zastavili, aby šíření moudrosti zabránili. Baal Hasulam nebyl prvním kabalistou, s nímž se takto zacházelo. Například Ramchal, jenž se snažil lidi probudit před koncem exilu, trpěl při svých pokusech podobným postojem.

V díle *Brány Ramchala* v eseji *Debata*, na straně 97, napsal: „Rašbí (Rabí Šimon Bar-Jochaj) to tak vykřikoval a vyzývá ty, kdo se zabývají literární Tórou, že spí... je ovocem exilu, že Izrael, prostřednictvím mnoha chyb, tuto cestu zapomněl a stále spí, rozpuštěn ve spánku, a nevěnuje tomu pozornost. ...pozor, jsme v temnotě, jako mrtví na světě, jako bychom úplně poslepu škrábali zdi."

Nejdůležitější válkou je ve skutečnosti bitva o šíření opravné metody mezi veřejností. Její následky jsou opravdu hrozné, neboť zpozdí-li se její rozšiřování, internalita nebude schopná přemoci externalitu, ať už u jakékoli osoby, národa Izraele, či na celém světě. Z toho vyplývá, že v jakém světě budeme nadále žít, určuje právě tato rovnováha sil.

Tak už v *Knize Zohar* se píše: „Běda těm... kdo Tóru vysušují, aniž by ji svlažili myslí a znalostmi. Věnují se její praktické části a nepřejí si zkusit pochopit moudrost kabaly... Běda jim, neboť tímto jednáním způsobují, že na světě existuje chudoba, ničení a loupeže, loupežné řádění, zabíjení a destrukce." (Zohar, Tikkunim, Tikkun 30).

Rabí Chaim Vital, žák a zapisovatel Ariho, o tom s lítostí psal v úvodu k Ariho *Stromu života*: „Běda těm lidem, kteří útočí na Tóru. Jestliže se zajímají jen o doslovnost a příběhy, nepochybně nosí smuteční šaty a halí se do pytle. A všechny národy Izraeli povědí: ‚Co je tvůj milovaný víc než tvůj milovaný, co je tvoje Tóra víc než naše Tóra. Tvoje Tóra jsou také nakonec jen světské příběhy o maličkostech.' Není větší urážky Tóry než toto. Takže běda těm, kdo Tóru urážejí. A nezajímají se o moudrost kabaly, která Tóře dodává čest, neboť prodlužuje exil a všechna zla, jež přicházejí na svět."

Po holocaustu, od roku 1945 až do smrti se Baal Hasulam zabýval vydáním knihy *Sulam, Komentář ke Knize Zohar*. V úvodu *Komentáře* znovu vysvětlil urgentní potřebu začít realizovat opravnou metodu. „Nyní je to na nás, kdo jsme zůstali, abychom napravili to hrozné zlo. …pak bude každý jeden z nás odměněn zintenzivněním vlastní internality… ta síla přijde k celému lidu Izraele. …také internalita národů světa, morálních národů světa přemůže a podmaní si jejich externalitu, což jsou destruktoři. Také internalita světa, což je Izrael, vzroste ve všech měřítkách a schopnostech nad externalitu světa, což jsou národy. Pak všechny národy světa vezmou Izrael na vědomí a uznají jeho cenu."

Budoucnost světa je v našich rukou

Podle toho, co bylo řečeno v této části, to vypadá, že řešení globální krize závisí zejména na nás, na každém jednom členu národa Izraele. Nikoli na lídrech, nýbrž na každém jedinci.

Každý okamžik, kdy svou roli neplníme, nás stojí hodně. Povinnost lidu Izraele je taková, že se jí nelze vyhnout ani ji odmítnout. Nelze ji ani ignorovat.

Je to jako biblický příběh proroka Jana, který byl vyslán, aby varoval obyvatele Ninevehu před nebezpečím, jemuž měli čelit. Jan se z úkolu, jenž mu byl zadán, snažil vyvléknout, přesto byl donucen jej dokončit.

Janův příběh je vhodnou alegorií pro nás všechny. Proto kabalisté nařídili, že se bude číst každý rok ve svátek Yom Kippur (svátek smíření), tedy v den jakési introspekce. Jako připomínka naší povinnosti.

Nepomůže dokonce ani to, že budeme chtít před zodpovědností utéct do zámoří. Stejně jako námořníci na Janově lodi vycítili, že za bouři, jež je potopí, je vinen on, a proto ho z lodi vyhodili. Nyní národy světa cítí, že vinu za nesnáze světa neseme my, a jejich tlak na nás se rychle zvýší. Temná realita dneška by mohla být pouze začátkem toho, co leží před námi.

Vybudovali jsme v Izraeli umělou bublinu a v ní žijeme své všední dny. Někteří z nás věří, že své sousedy dokážeme porazit vojenskou silou nebo že s nimi jednoho dne uzavřeme mír. Obecná atmosféra je každopádně v duchu věty „bude to v pořádku." Neuvědomujeme si skrytý úder, a tak si dál žijeme každodenní život.

Ačkoli jsme v současné době s plánem přírody pozadu, máme dovoleno v Izraeli žít. Naše situace se podobá stavu, který panoval před zničením Druhého Chrámu. První známky destrukce se objevily nějakých sedmdesát let před skutečným zničením, neboť lidé klesali na nejnižší stupně tělesnosti – do nevídané nenávisti. Chrám však vydržel stát ještě o něco déle, takže zatím se do exilu nevysílalo.

Tou dobou se zničení objevilo na úrovni sil, nicméně se ještě muselo materializovat. Mělo několik desetiletí „zpoždění." Dnes je tu také zpoždění, ovšem tentokrát to napravíme. Jakmile se jen pár z nás začne přiklánět k tomu, aby plnilo svou povinnost, změní se rovnováha sil přírody. Počátek realizace metody vedoucí k úpravě ega vyvolá okamžitou změnu v celém světě. Není překvapivé, že si celý svět myslí, že Židé manipulují světem, že mají nějaké tajemství, které nechtějí sdílet. Je to pravda a ostatní to podvědomě vnímají.

S egoistickými myšlenkami na svět působíme špatně. Chceme-li však změnu, altruistické myšlenky nám umožní změnit svět k lepšímu, a to bleskovou rychlostí. Byli jsme vyvoleni v tom smyslu, že disponujeme silou myšlenky a silou vůle, jež nám za podmínky správného použití umožní měnit realitu okamžitě. To si musíme uvědomit, a tak „svět odsoudit škále měřítka" (Talmud Bavli, Kidušin, 40:2).

Dnes se doporučuje, aby se se zásadami opravné metody seznámila každá osoba, aby se je pokusila realizovat na sobě a tyto znalosti předala dalším lidem.

Jestliže čteme knihy související s opravnou metodou nebo se s podobnými materiály setkáváme na internetu či snad sledujeme k tomuto tématu video, posiluje to naši internalitu. Tak se umocňuje pocit, že naše vlastní budoucnost, naše štěstí a štěstí našich milovaných závisí jen na dosažení rovnováhy s altruistickou přírodou. A proto o ni budeme usilovat, čímž okamžitě změníme směr svého života.

Závěrem lze říci, že bychom si měli uvědomit, že jsme výjimeční. Vše, co se nám přihodí, se děje kvůli nám. Není nikdo jiný, koho bychom z toho mohli vinit, vyjma nás. Nikdo nám nic nenakazuje, zatímco na světě neexistuje jiný národ, který zcela určuje vše, co se mu stane.

Může být složité to akceptovat a vstřebat, nicméně vše je v našich rukou a závisí na nás. Jsme jediní, kdo určuje svůj osud a osud celého světa.

O organizaci Bnei Baruch

Bnei Baruch je nezisková organizace, která šíří moudrost kabaly, aby se urychlil duchovní růst lidstva. Kabalista Rav Michael Laitman, PhD, žák a osobní asistent Rabího Barucha Ašlaga, syna Rabího Jehudy Ašlaga (autora *Sulam, Komentáře ke Knize Zohar*), kráčí ve šlépějích svého učitele a vede skupinu k cíli mise.

Laitmanova vědecká metoda poskytuje jedincům všech věr, náboženství a kultur přesné nástroje nutné k nastoupení fascinující cesty sebeobjevování a duchovního vzestupu. Organizace Bnei Baruch se soustřeďuje především na vnitřní procesy, jimiž každý prochází vlastním tempem, a vítá lidi každého věku a všech životních stylů, kteří se chtějí podílet na tomto prospěšném procesu.

V posledních letech probíhá masivní celosvětové pátrání po odpovědích na otázky života. Společnost ztratila schopnost vidět realitu, jaká skutečně je, zatímco na jejím místě se objevily povrchní a často zavádějící koncepty. Bnei Baruch oslovuje všechny, kdo usilují o více než běžné povědomí, lidi, již chtějí pochopit skutečný smysl své existence.

Bnei Baruch nabízí praktické vedení a spolehlivou metodu pro pochopení světového fenoménu. Autentická výuková metoda Rabího Jehudy Ašlaga nejen pomáhá překonávat tyto zkoušky a strasti každodenního života, ale spouští procesy, díky nimž jednotlivci překonávají aktuální hranice a omezení.

Rabí Jehuda Ašlag zanechal pro tuto generaci studijní metodu, která v podstatě trénuje jednotlivce, aby se chovali, jako by již dosáhli dokonalosti vyššího světa, byť zůstávají zde, na nižší úrovni. Slovy Rabího Jehudy Ašlaga: „Tato metoda je praktický způsob k proniknutí do vyššího světa, zdroje naší existence, zatímco stále žijeme v našem světě."

Kabalista je badatel, který studuje vlastní povahu pomocí této prokázané, časem otestované a přesné metody. Jejím prostřednictvím dosahuje dokonalosti a kontroly nad vlastním životem a plní skutečné životní cíle. Stejně jako člověk nemůže řádně fungovat v našem světě, aniž by o něm věděl, nemůže duše fungovat ve vyšším světě, když o něm neví. Moudrost kabaly tyto znalosti poskytuje.

KONTAKT

Email: info@kabbalah.info

Web: www.kabbalah.info

www.KabbalahBooks.info

1057 Steeles Avenue West, Suite 532
Toronto, ON M2R 3X1
Kanada

www.ingramcontent.com/pod-product-compliance
Lightning Source LLC
Chambersburg PA
CBHW072200070526
44585CB00015B/1235